高职旅游教育改革探索与实践研究

丁淑芳 刘 欢 胡朝霞 著

中国商务出版社
·北京·

图书在版编目（CIP）数据

高职旅游教育改革探索与实践研究 / 丁淑芳, 刘欢, 胡朝霞著. — 北京：中国商务出版社, 2023.12

ISBN 978-7-5103-5039-9

Ⅰ. ①高… Ⅱ. ①丁… ②刘… ③胡… Ⅲ. ①旅游教育－教学改革－研究－高等职业教育 Ⅳ. ①F590

中国国家版本馆CIP数据核字(2023)第256190号

高职旅游教育改革探索与实践研究
GAOZHI LÜYOU JIAOYU GAIGE TANSUO YU SHIJIAN YANJIU
丁淑芳 刘 欢 胡朝霞 著

出　　版	中国商务出版社		
地　　址	北京市东城区安外东后巷28号	邮　编：	100710
责任部门	发展事业部（010-64218072）		
责任编辑	刘玉洁		
直销客服	010-64515210		
总 发 行	中国商务出版社发行部（010-64208388　64515150）		
网购零售	中国商务出版社淘宝店（010-64286917）		
网　　址	http://www.cctpress.com		
网　　店	https://shop595663922.taobao.com		
邮　　箱	295402859@qq.com		
排　　版	北京宏进时代出版策划有限公司		
印　　刷	廊坊市广阳区九洲印刷厂		
开　　本	710毫米×1000毫米　1/16		
印　　张	16.5	字　数：	280千字
版　　次	2023年12月第1版	印　次：	2023年12月第1次印刷
书　　号	ISBN 978-7-5103-5039-9		
定　　价	79.00元		

凡所购本版图书如有印装质量问题，请与本社印制部联系（电话：010-64248236）

版权所有盗版必究（盗版侵权举报请与本社总编室联系：010-64212247）

前 言

旅游业作为全球性的产业之一，不仅为国家经济健康发展做出了巨大贡献，也为人们提供了更广阔的就业机会和丰富的生活体验。高职旅游教育作为培养旅游从业人才的重要途径，在这一蓬勃发展的行业中发挥着重要的作用。然而，随着时代的不断演进和社会需求的不断变化，高职旅游教育也面临着新的机遇和挑战。

本书旨在探索和实践高职旅游教育的改革，以适应新时代旅游业的发展要求，为培养更具实战能力和创新精神的旅游专业人才提供可行性建议；通过对高职旅游教育改革的深入研究，深刻理解当前旅游行业的特点和趋势，为高职旅游教育的发展提供有益的借鉴和启示。

我们期待，改革后的高职旅游教育体系能更加贴近实际、富有创新精神，不仅能够为学生提供丰富的理论知识，还能够通过实践环节培养学生的实战能力和团队协作精神。我们希望改革后的教育体系更加灵活，能够紧密结合行业发展动态，及时调整课程设置，确保学生毕业后能够迅速适应并融入旅游行业。

在未来，我们期望看到更多高职旅游教育改革的探索者，共同致力于推动中国旅游业的可持续发展，为培育更多优秀的旅游专业人才而努力。通过这一系列努力，我们相信中国的高职旅游教育将在新时代发挥出更大的作用，为旅游业的发展培养更多的人才。

目 录

第一章 高职旅游教育改革的理论基础 ... 1
第一节 旅游教育的发展历程 ... 1
第二节 教育理论与高职旅游教育的关系 ... 10
第三节 高职旅游教育改革的理论框架 ... 23
第四节 创新驱动与高职旅游教育改革 ... 31

第二章 高职旅游课程体系的优化与创新 ... 40
第一节 高职旅游传统课程体系存在问题 ... 40
第二节 旅游行业需求与课程设置调整 ... 46
第三节 高职旅游跨学科融合与实践能力培养 ... 57
第四节 虚拟仿真技术在旅游教育中的应用 ... 64

第三章 高职旅游实践教学模式创新 ... 77
第一节 高职旅游实训基地建设与运营管理 ... 77
第二节 高职旅游校企合作与实习实践 ... 90
第三节 学生参与社会服务与项目实操 ... 101
第四节 "互联网+"时代高职旅游实践教学 ... 106
第五节 高职旅游实践教学模式的效果评估 ... 117

第四章 高职旅游师资队伍建设与培养机制创新 ... 128
第一节 高职旅游教育师资队伍现状分析 ... 128
第二节 高职旅游师资培训与专业知识更新机制 ... 132
第三节 高职旅游教育技术与师资队伍发展 ... 143

  第四节　高职旅游师德师风建设与教学质量提升 152

  第五节　高职旅游教育师资队伍的激励机制 160

第五章　高职旅游学科建设与科研创新 171

  第一节　旅游教育学科体系的构建 171

  第二节　高职旅游专业方向与学科特色的明确 179

  第三节　高职旅游学术研究与实际应用的结合 189

  第四节　高职旅游科研项目管理与团队建设 199

  第五节　旅游教育领域的前沿问题与研究方向 208

第六章　高职旅游教育质量评价体系构建 213

  第一节　高职旅游教育质量评价的理论基础 213

  第二节　高职旅游教育质量标准与指标体系 218

  第三节　高职旅游教学过程的质量评估方法 222

  第四节　高职旅游学生综合素质评价与个性化发展 234

  第五节　高职旅游校企合作项目的效果评估 239

第七章　政策环境与高职旅游教育改革 244

  第一节　国家政策与高职旅游教育的关系 244

  第二节　高职旅游师德师风建设与教学质量提升 248

  第三节　高职旅游教育师资队伍的激励机制 252

参考文献 257

第一章　高职旅游教育改革的理论基础

第一节　旅游教育的发展历程

一、旅游教育的起源与演变

旅游教育是一门涵盖旅游管理、旅游规划、文化遗产、地理环境等多个领域的综合性学科。随着社会的发展和人们对旅游需求的不断提高，旅游教育逐渐崭露头角。

（一）旅游教育的起源

在古代，人们因探索未知领域、寻找新的资源、了解不同文化而进行旅游。例如，丝绸之路就是中国古代贸易和文化交流的重要通道之一。这些旅游者通过实际经验积累了丰富的知识，这可以看作是旅游教育的雏形。

然而，正式的旅游教育始于近代。19世纪末，随着交通工具的进步和旅游业的兴起，人们开始关注旅游的组织和管理。最早的旅游课程通常是在酒店管理和餐饮领域，以培养服务业的从业人员。随着对旅游业影响的深入理解，旅游教育开始逐渐发展为独立的学科。

（二）旅游教育的演变

1. 早期发展阶段（20世纪初—20世纪中叶）

旅游教育在这个阶段主要以酒店管理和餐饮服务为主。学生主要学习有关接待和服务的技能，课程内容相对狭窄。在这一时期，旅游业的专业人才需求相对较少，因此旅游教育的规模和影响力有限。

2. 发展壮大阶段（20世纪中叶—21世纪初）

随着国际旅游业的蓬勃发展，社会对旅游专业人才的需求逐渐增加。许多国家开始设立旅游学科，提供更广泛的课程，涵盖旅游规划、文化遗产保护、地理环境等多个方面。此时，旅游教育逐渐从单一的服务领域扩展到更为综合和多元化的学科。

3. 全球化与多元化阶段（21世纪初至今）

随着全球化的加深，旅游业的国际化水平不断提高。为了培养适应国际旅游市场需求的专业人才，许多高校开始开设国际旅游管理等相关专业。此外，旅游教育还逐渐注重可持续发展和创新创业等方面的培养，以适应社会的发展需求。

（三）旅游教育的发展趋势

1. 跨学科融合

未来，旅游教育将更加注重跨学科融合。旅游业的发展涉及地理学、文化学、经济学、环境学等多个学科，因此旅游教育需要整合这些学科的知识，培养学生跨学科的综合素养。

2. 数字化和科技应用

随着科技的不断进步，数字化和科技应用将成为旅游教育的重要发展方向。学生需要掌握旅游信息系统、虚拟现实技术、大数据分析等相关技能，以适应数字时代旅游业的发展需求。

3. 可持续发展教育

由于旅游业对环境的影响，可持续发展已成为旅游业的重要理念。未来的旅游教育将更加注重培养学生的可持续发展意识，使他们在从业过程中能够积极参与环保和社会责任。

4. 国际化和跨文化素养

随着全球化的推进，旅游业的国际化程度不断提高。未来的旅游教育将更加注重培养学生的国际视野和跨文化素养，使他们能够适应不同国家和地区的旅游市场。

总的来说，旅游教育作为一门综合性学科，在不同历史时期有着不同的发展轨迹。从最初的服务领域到如今的多元化和全球化，旅游教育不断适应社会需求的变化。未来，随着社会和技术的不断发展，旅游教育将继续面临新的挑战和机遇，为培养更多优秀的旅游专业人才做出贡献。

（四）社会需求与就业前景

1. 社会需求的提升

随着人们生活水平的提高和休闲观念的逐渐普及，旅游业的发展愈发迅猛。社会对旅游教育的需求也逐渐提升，不仅需要有服务行业专业人才，更需要具备管理、规划、营销、创新等多方面能力的综合型人才。旅游业的多元化和国际化发展，使得人们对高素质旅游专业人才的需求不断增长。

2. 就业前景广阔

随着旅游业的蓬勃发展，旅游专业人才的就业前景变得更加广阔。除了传统的酒店、餐饮等服务领域，旅游规划、景区管理、旅游营销、文化遗产保护等方向也成为旅游专业毕业学生就业的重要选择。同时，随着数字化技术的广泛应用，与大数据分析、人工智能相关的岗位也逐渐涌现，旅游专业人才有了更多的发展机会。

（五）面临的挑战与应对策略

1. 行业不断变革

旅游行业是一个不断变革的行业，新的旅游产品、服务和模式层出不穷。因此，旅游教育需要不断调整课程设置，跟上行业的最新发展，确保培养出符合市场需求的毕业生。

2. 可持续发展的要求

随着社会对可持续发展的关注增加，旅游业也受到了更高的环保和社会责任的要求。旅游教育需要加强对学生可持续发展理念的培养，使学生具备环保和社会责任意识，并能够在实际工作中贯彻可持续发展的理念。

3. 国际化水平提升

随着旅游业的国际化程度提升，旅游教育需要进一步提升国际化水平，包括加强与国外高校的合作交流、引入国际化课程、培养学生的跨文化交流能力等方面。只有具备国际视野的毕业生，才能更好地适应国际化的旅游市场。

4. 数字化技术应用

随着数字化技术在旅游业的广泛应用，旅游教育需要调整课程内容，加强对数字化技术的教学，培养学生掌握先进的数字化工具和技能，使学生能够更好地适应数字时代旅游业的发展。

在应对这些挑战的过程中，旅游教育院校需要与行业密切合作，了解行业需求，及时调整教育方向。同时，学生也需要保持学习的主动性，关注行业动态，提升自己的综合素质，增加职业竞争力。

旅游教育作为一个综合性学科，经历了从服务领域到多元化和国际化的发展过程。未来，随着社会的不断发展和旅游业的不断变革，旅游教育将继续适应新的需求，培养更多具备综合素养的旅游专业人才。在这个过程中，旅游教育院校和学生都需要紧密关注行业动态，不断调整和提升自身能力，以适应行业的发展需求。通过师生共同的努力，旅游教育将能够更好地为旅游业的可持续发展做出贡献。

二、旅游教育的国际比较与借鉴

随着全球旅游业的迅猛发展，各国纷纷重视旅游教育的发展，致力于培养具备全球视野和专业素养的旅游从业人才。国际比较与借鉴成为促使旅游教育进一步完善的关键因素。

（一）美国的旅游教育

美国是全球旅游业最发达的国家之一，其旅游教育体系较为完善，具有明显的特点。

1. 多元化的专业设置

美国的旅游教育覆盖了酒店管理、旅游规划、旅游市场营销、休闲管理等多个专业领域。这种多元化的设置为学生提供了广泛选择的机会，使其能够根据个人兴趣和职业规划进行专业选修。

2. 强调实践性教学

美国的旅游教育强调实践性教学，包括实习、实训和实地考察等。学生有机会在真实的工作环境中积累经验，更好地将理论知识转化为实际操作能力，提高其自身的职业素养。

3. 与行业的紧密合作

美国的旅游教育院校通常与行业保持紧密的联系，与酒店、旅行社、景区等单位建立合作关系。这种合作有助于院校更好地了解行业需求，及时调整教学内容，确保培养出符合市场需求的专业人才。

4. 强调创新和研究

美国的旅游教育注重学术研究和创新，鼓励教师和学生参与旅游业的研究项目，推动学科的不断发展。这有助于培养具有研究能力和创新精神的高层次旅游专业人才。

美国的旅游教育体系相对成熟，为学生提供了多元的学科选择和实践机会。其强调实际操作和创新研究的特点值得中国旅游教育借鉴。

（二）欧洲的旅游教育

欧洲是一个拥有丰富旅游资源和多元文化的地区，各国在旅游教育方面有一些共性特点。

1. 强调文化与可持续发展

欧洲的一些国家在旅游教育中更加强调文化遗产的保护和可持续发展。通过开设文化旅游管理、文化遗产保护等专业方向，培养旅游专业人才对文化的理解和尊重，推动旅游业可持续发展。

2. 国际化和语言培养

由于欧洲各国之间的文化和语言差异，欧洲的旅游教育更加注重培养学生的国际视野和语言能力。学生通常需要学习多国语言，以适应多元文化的旅游市场，这有助于提升他们在国际舞台上的竞争力。

3. 强化实践教学和交流机会

欧洲的一些旅游教育院校注重实践教学和学生的交流机会。学生通常需要在旅游企业中进行实习。同时，学校也鼓励学生参与国际交流项目，以扩大他们的国际视野和交际圈。

4. 注重社会责任和创新教育

欧洲的一些旅游教育院校倾向于强调社会责任和创新教育。他们培养学生具备社会关怀和责任感，同时注重培养学生的创新思维，使他们能够在旅游业中不断创新和改进。

欧洲的旅游教育体系注重文化遗产、可持续发展和国际交流。这为中国旅游教育提供了在培养学生国际化、可持续发展意识方面的有益启示。

（三）新加坡的旅游教育

新加坡作为东南亚地区的旅游重要节点，其旅游业相对成熟，旅游教育有以下特点。

1. 职业培训和技能导向

新加坡的旅游教育更加注重职业培训和技能导向。院校通常提供与旅游从业相关的实用技能，例如酒店管理、旅游导游等。这种实用性的培训更符合市场的需求，帮助学生更快速地适应实际工作环境。

2. 与行业的紧密合作

在新加坡，旅游教育院校与行业的合作关系较为紧密。院校通常与本地的旅游企业建立紧密的联系，以确保教育内容与行业需求相符。这种紧密的合作关系有助于学生更好地融入行业、顺利就业。

3. 国际化和多元文化

新加坡本身是一个多元文化的国家，因此旅游教育也强调国际化和多元文化。学生在学习过程中有机会接触不同国家和地区的旅游文化，培养了解和尊重多元文化的能力。

4. 注重技术应用

新加坡在旅游教育中注重技术应用。随着科技的不断发展，学校通常会引入先进的技术，如虚拟现实、大数据分析等，帮助学生更好地理解新兴技术在旅游业中的作用并更好应用。

新加坡的旅游教育体系具有实用性强、与行业合作紧密等特点。这为中国的职业培训和技能导向型旅游教育提供了一些建议。

（四）澳大利亚的旅游教育

澳大利亚以其丰富的自然景观和独特的文化而著称，其旅游教育具备以下特点。

1. 高质量的本科和研究生教育

澳大利亚的旅游教育体系涵盖了本科和研究生层次，且质量较高。各大学提供的旅游专业通常包括旅游管理、文化旅游、环境旅游等多个方向，为学生提供了全面选择。

2. 实践与理论相结合

澳大利亚的旅游教育注重实践与理论的结合。学生既会接受系统的理论知识培训，又有机会参与实际的旅游项目和实习。这有助于培养学生全面的能力和实际操作经验。

3. 注重可持续发展

澳大利亚的旅游教育体系更加注重可持续发展的理念。学生通常会学习如何在旅游业中推动环保和社会责任，以确保旅游的可持续性。

4. 国际化程度高

澳大利亚的大学具有较高的国际化程度，吸引了来自世界各地的学生。这为学生提供了与不同背景的同学学习和交流的机会，培养了学生跨文化沟通的能力。

（五）对中国旅游教育的启示

通过对美国、欧洲、新加坡和澳大利亚旅游教育的比较，我们可以得到一些对中国旅游教育发展的启示。

1. 多元化专业设置

中国的院校可以借鉴美国的经验，加强对旅游专业的多元化设置，满足学生个性化和职业规划的需求。

2. 强化实践性教学

学习实践是旅游教育的核心。中国的院校应加强与行业的合作，提供更多实际操作的机会，培养学生的实际工作能力。

3. 强调可持续发展

借鉴澳大利亚的经验，中国的院校应加强可持续发展理念的教育，培养学生对于环保和社会责任的认识。

4. 国际化视野

中国的院校应加强国际交流与合作，培养学生的国际化视野和跨文化沟通技能，提高学生在全球旅游市场的竞争力。

5. 技术应用与创新

新加坡的技术应用经验可以为中国的旅游教育提供借鉴。中国的院校应引入先进的技术手段，提高学生对数字化、虚拟现实等新兴技术的应用能力。

三、当前旅游教育领域的主要趋势

随着全球旅游业的蓬勃发展和不断变革，旅游教育领域也面临着新的挑战和机遇。

（一）国际化发展

1. 国际化课程设置

当前，越来越多的旅游教育院校开始关注国际化课程的设置，在课程中加入国际旅游市场的相关知识，培养学生具备全球视野，以及能够适应跨文化环境的能力。

2. 国际交流与合作

院校间以及院校与旅游行业的国际合作日益密切。通过国际交流项目，学生能够接触到不同国家的旅游市场和文化，提高跨文化交流的能力。同时，院校与国外院校、行业组织的合作，有助于引进国际先进的旅游教育理念和经验。

3. 双语教学与多语言能力培养

随着旅游市场的国际化，院校逐渐注重培养学生的多语言能力。除了英语，学生也要学习其他重要语言，以更好地服务来自不同国家的游客，提升服务质量和国际竞争力。

（二）可持续旅游教育

1. 可持续发展理念的融入

在当前全球可持续发展的大背景下，可持续旅游教育备受关注。院校逐渐引入可持续发展的理念，培养学生对于环境保护、文化遗产保护、社会责任等方面的认知与实践能力。

2. 生态旅游和文化旅游专业的兴起

生态旅游和文化旅游作为可持续发展的重要方向，相关专业逐渐兴起。院校通过设置相关专业，培养旅游专业人才在旅游发展中更注重生态环境和文化遗产的保护。

3. 绿色旅游认证与培训

为适应可持续发展的要求，一些院校开始引入绿色旅游认证课程，培养学生具备推动绿色旅游发展的专业技能。这有助于学生更好地理解和应用可持续发展理念。

（三）数字化技术应用

1. 大数据分析与预测

随着信息技术的发展，大数据在旅游业中的应用越来越广泛。学校开始注重培养学生对大数据的理解和运用能力，以便他们能够通过数据分析为旅游行业提供决策支持。

2. 虚拟现实和增强现实技术的引入

虚拟现实和增强现实等技术为旅游教育提供了全新的教学手段。学生可以通过虚拟现实体验旅游目的地，增加学习的趣味性和实用性。

3. 在线教育和远程培训

数字化技术的应用使得旅游教育更加灵活。在线教育平台和远程培训课程的开设，为广大学生提供了更为便捷的学习途径，同时也有助于满足不同地区的旅游从业人员的培训需求。

（四）实践性教学强调

1. 实习和实训项目的加强

为了更好地培养学生的实际操作能力，院校逐渐加强实习和实训项目，与行业合作，提供更多的实际工作机会，使学生能够在真实的工作环境中锻炼自己。

2. 模拟实景培训

通过模拟实景培训，学生可以在校内体验真实的旅游工作场景，提前适应职业环境。这种模拟实景培训有助于提高学生的实际操作技能，增强其应对实际挑战的能力。

3. 行业导师和专业培训

引入行业导师和专业培训，使学生能够从业内专业人士那里获得实际经验和指导；与行业合作建立导师制度，有助于学生更深入地了解行业内部的运作和要求。

（五）院校与行业合作

1. 实习和用人需求对接

院校与旅游行业的合作更加紧密，通过实习项目将学生与用人需求对接。

产业方可以在实习过程中发现潜在的人才，学生也能够更好地了解和适应实际工作环境。

2. 行业专业人士参与课程设计

将行业专业人士纳入课程设计的过程中，确保教学内容与行业实际需求保持一致。这有助于培养学生更贴近实际工作的专业知识和技能。

3. 创业培训与创新项目

一些旅游教育院校开始与创新企业合作，开展创业培训和创新项目。通过这种方式，学生有机会参与实际的创业项目，培养创新精神和实际操作能力。

综上所述，当前旅游教育领域的主要趋势包括国际化发展、可持续旅游教育、数字化技术应用、实践性教学强调以及院校与行业合作等方面。这些趋势反映了旅游教育面临的新挑战和机遇，也为培养更具全球视野、实践操作能力和创新精神的旅游专业人才提供了新的路径。

在未来，旅游教育院校应不断调整教学理念和方法，紧跟行业发展步伐，为学生提供更贴近实际需求的培训；同时，加强与国际间的交流与合作，引入先进的理念和技术，培养具备全球竞争力的专业人才。通过不断创新和改革，旅游教育将更好地适应时代的需求，为旅游业的可持续发展贡献更多优秀的人才。

第二节　教育理论与高职旅游教育的关系

一、传统教育理论在高职旅游教育中的应用

随着旅游业的蓬勃发展和对专业人才的需求增加，高职旅游教育扮演着培养实用型、技能型人才的重要角色。在高职旅游教育中，传统教育理论仍然发挥着关键作用。

（一）行为主义在高职旅游教育中的应用

1. 明确教学目标

行为主义理论强调学习的目标设定和实际操作。在高职旅游教育中，学

生通常需要掌握一系列具体的技能，如导游操作、旅游线路设计等。教师通过设定明确的教学目标，引导学生在实际操作中达到预期效果。

2. 强化学习反馈

行为主义理论认为，反馈对于学习的巩固和提高至关重要。在高职旅游教育中，教师可以通过模拟实际工作场景，让学生在实践中感受到直接反馈。例如，模拟旅游导游解说，通过实地训练和模拟客户提问，让学生及时纠正和改进自己的表达和服务技能。

3. 强调实际操作技能的培养

行为主义理论注重实际行为和技能的培养，强调学生通过反复的实践来提高自己的技能水平。在高职旅游教育中，通过实地实习、模拟实战等方式，学生能够更好地应对实际旅游从业环境、提高实际操作技能。

行为主义理论在高职旅游教育中的应用有助于培养学生在实际工作中所需的具体技能和使学生积累操作经验，使其更好地适应职业环境。

（二）认知主义在高职旅游教育中的应用

1. 知识建构的重要性

认知主义理论强调学生对知识的主动建构。在高职旅游教育中，教师可以通过激发学生的学习兴趣，引导学生积极主动地构建旅游相关的知识结构。例如，通过案例分析、项目式学习等方式，学生可以在实际问题中构建自己的知识体系。

2. 启发学生思维

认知主义理论注重培养学生的思维能力，使其能够更好地理解和解决问题。在高职旅游教育中，教师可以采用启发式教学方法，通过提问、讨论等方式激发学生的思维，引导学生独立思考旅游管理、市场推广等问题。

3. 个性化教学

认知主义理论强调学生个体差异，教学应更注重个性化。在高职旅游教育中，由于学生的兴趣、背景、学科基础差异较大，教师可以采用不同的教学方法和资源，满足学生个性化的学习需求，提高学习效果。

认知主义理论在高职旅游教育中的应用有助于培养学生对于旅游管理、规划等方面的深层次理解和独立思考能力。

（三）建构主义在高职旅游教育中的应用

1. 学生主体性

建构主义理论认为学生是学习的主体，注重个体的思考和体验。在高职旅游教育中，教师可以通过项目学习、实地考察等方式，激发学生的学习兴趣，让他们更主动地参与学习过程。

2. 合作学习与交流

建构主义理论鼓励学生之间的合作学习和交流。在高职旅游教育中，通过小组项目、讨论等形式，促使学生分享经验、共同解决问题，增强彼此之间的学习效果。

3. 实践与理论的结合

建构主义理论强调实践和理论的结合。在高职旅游教育中，教师可以通过实地实习、案例分析等方式，让学生将理论知识与实际操作相结合，提高实际问题解决的能力。

建构主义理论在高职旅游教育中的应用有助于培养学生的合作精神、实际操作能力，使其更好地适应未来的职业发展。

（四）教育技术的整合

1. 在线教育平台的应用

在高职旅游教育中，教育技术的应用日益重要。在线教育平台可以为学生提供更加灵活的学习环境。通过在线教育平台，学生可以随时随地获取教学资源，进行自主学习。教育技术的应用还可以丰富教学内容，引入多媒体、虚拟现实等元素，提升学习的趣味性和实用性。

2. 模拟软件与虚拟现实

在旅游教育中，模拟软件和虚拟现实技术为学生提供了更真实的学习体验。通过虚拟现实技术，学生可以仿真体验导游解说、景区管理等实际工作场景，提前熟悉并适应职业要求。

3. 电子教材和多媒体教学

传统的教科书逐渐被电子教材和多媒体教学替代。这些教学资源更加生动直观，能够通过图像、视频等形式展示旅游业的实际情况，提高学生的学习兴趣和理解深度。

4.智能化教学辅助工具

智能化教学辅助工具，如智能语音助手、在线学习平台的智能推荐系统等，能够个性化地为学生提供学习建议和资源推荐。这有助于满足不同学生的学习需求，提高学习效果。

教育技术的整合为高职旅游教育提供了更多元的教学手段，促使教育更加贴近学生需求和实际职业要求。

（五）综合运用不同教育理论

在高职旅游教育中，综合运用不同的教育理论可以更全面地促进学生成长和发展。

1.课程设计的整合

课程设计可以结合行为主义、认知主义和建构主义理论的理念，旨在明确学习目标、激发学生兴趣、促使学生思考，从而实现对学生知识、技能和态度的全面培养。

2.实践性教学的结合

将实践性教学与认知主义、建构主义理论相结合，通过实地考察、实习项目等方式，让学生在实际操作中感知、理解和构建相关知识。

3.个性化辅导的提供

结合认知主义理论，教师可以通过个性化辅导，关注每个学生的学习进程和困难点，提供个性化的学习支持，更好地引导学生向更高层次发展。

4.教育技术的综合应用

教育技术可以综合应用不同理论的原则，例如通过在线学习平台提供行为主义式的学习资源，通过虚拟现实技术提供认知主义和建构主义式的实践体验。

5.合作学习与团队项目

借鉴建构主义理论，通过合作学习和团队项目，学生能够在群体中共同建构知识，相互交流、协作，培养团队协作和沟通能力。

通过综合应用不同的教育理论，高职旅游教育可以更好地满足学生的多元化需求，培养更全面、更具实践能力的专业人才。

（六）面临的挑战和应对策略

传统教育理论尽管在高职旅游教育中发挥着积极作用，但也面临一些挑战。

1. 知识更新的压力

旅游行业处于不断变化的状态，知识更新迅速。传统教育理论在应对新知识、新技术的传授方面可能相对滞后。高职旅游教育应不断更新教材、加强师资培训，确保教育内容与行业发展同步。

2. 实践操作的困难

行为主义理论强调实践操作，但有些实践操作往往需要在真实的工作环境中进行，这对院校和学生都提出了挑战。高职旅游教育应主动与企业合作，提供实习机会，同时通过模拟实景培训等方式强化实践操作。

3. 教学资源的不足

教学资源的不足可能限制了认知主义和建构主义理论在高职旅游教育中的应用。院校应积极开发和引入多样化的教学资源，包括电子教材、虚拟现实技术等，以提升教学的多样性和实用性。

4. 学生个体差异的考虑

传统教育理论在注重学生个体差异方面可能相对不足。高职旅游教育应采用灵活多样的教学方法，提供个性化的学习体验。教师可以结合学生的兴趣、学科基础水平以及学习风格，设计差异化的教学活动，以满足学生多样化的学习需求。

5. 教育技术的合理运用

尽管教育技术在高职旅游教育中起到积极作用，但高职旅游教育过度依赖技术也可能带来一些问题。院校需要谨慎选择和整合教育技术，确保其与传统教育理论相辅相成，而非取而代之。教育技术应该作为促进教学效果的辅助工具，而非单一的解决方案。

6. 社会需求与教育之间的脱节

有时社会对于旅游从业人才的需求可能与传统教育理论的教学方式存在脱节。为解决这一问题，院校需要和企业加强沟通与合作，及时了解行业的最新需求，调整教学计划，确保毕业生能更好地适应职场。

7. 培养学生创新能力

传统教育理论在培养学生创新能力方面可能存在一定局限性。因此，高职旅游教育需要更注重激发学生的创新思维和创业精神，使学生具备在不断变化的旅游市场中找到机会和解决问题的能力。

高职旅游教育可以采取以下应对策略。

1. 定期更新教学内容

院校应及时更新教学内容，与行业保持同步。这包括更新教材、引入新的案例和项目等，以确保学生获得最新的行业知识和技能。

2. 积极开展实践项目

通过与企业合作，院校可以提供实习和实践项目，让学生在真实的工作环境中应用所学知识，增强实践操作能力。

3. 引入先进的教育技术

教育技术可以作为有效的辅助工具，提高教学的灵活性和趣味性，但需要谨慎选择和应用，确保技术的使用符合教学目标，并能够促进学生的全面发展。

4. 个性化辅导和差异化教学

考虑到学生的个体差异，院校可以采用个性化辅导和差异化教学的方法，更好地满足学生多样化的学习需求。

5. 强化与企业的合作

院校应积极与旅游行业企业建立紧密的合作关系，了解行业的实际需求，开展双向交流，确保培养出更符合市场需求的专业人才。

6. 激发学生创新精神

院校可以在课程设置中注入创新元素，鼓励学生参与创新项目和创业实践，培养他们的创新意识和创业能力。

通过综合运用不同教育理论、关注学生个体差异、灵活运用教育技术，并加强与行业的合作，高职旅游教育可以更好地适应社会变革和行业发展，为学生提供更全面、实用的培养。

二、现代教育理论对高职旅游教育的启示

随着社会的不断发展和变革，现代教育理论不断涌现，对于高职旅游教育的发展和改革提供了有益的启示。

（一）构建个性化学习环境

1. 启示：关注学生的个体差异

现代教育理论强调个性化学习，关注学生的个体差异。对于高职旅游教育而言，学生的背景、兴趣、学科基础水平等方面存在较大差异。因此，构建个性化学习环境是关键。院校可以通过灵活的教学计划、个性化辅导和多元化的评价方式，满足学生不同的学习需求，激发其学习动力。

2. 实践运用：引入个性化辅导和课程设计

针对个体差异，院校可以设立专门的个性化辅导体系，帮助学生更好地理解和掌握旅游专业知识；同时，在课程设计中引入灵活的选修课程，让学生根据个人兴趣和职业规划选择相关课程，提高学习的针对性和实用性。

（二）强化跨学科综合能力培养

1. 启示：培养综合素养和跨学科能力

现代社会对专业人才的要求越来越强调综合素养和跨学科能力。高职旅游教育需要超越传统的单一学科培养，注重培养学生的综合素质。现代教育理论鼓励学科之间的融合，培养学生具备多方面的能力，以使学生更好地适应旅游行业的多样性和复杂性。

2. 实践运用：开设跨学科项目和课程

高职旅游教育可以通过开设跨学科项目和课程，促使学生在不同学科领域中进行交叉学习，如将旅游管理与市场营销、环境科学等相关学科结合，设计项目式课程，培养学生解决实际问题的能力。这样的综合培养有助于学生更全面地理解和把握旅游行业的运作。

（三）推动实践与理论的融合

1. 启示：强调实践操作和理论知识的结合

现代教育理论倡导实践与理论的融合，强调学生在实践操作中的学习经验。高职旅游教育应该关注学生的实际能力培养，而非仅仅停留在理论层面。实践操作的经验有助于学生更深刻地理解课程内容，提高学生应对实际问题的能力。

2. 实践运用：开设实地实习和模拟项目

为促使实践与理论的融合，高职旅游教育可以积极开展实地实习和模拟项目，通过与旅游企业合作，提供学生实际的从业机会，让学生在实践中应用课堂所学的理论知识；同时，开设模拟项目，使学生在虚拟的实际情境中提高解决问题的能力。

（四）倡导可持续发展教育

1. 启示：培养可持续发展的意识

现代教育理论强调可持续发展教育，培养学生对环境、社会和经济可持续性的关注。在高职旅游教育中，这意味着学生需要了解并关心旅游活动对环境的影响，同时具备推动旅游业可持续发展的能力。

2. 实践运用：引入可持续发展课程

为了培养学生的可持续发展意识，高职旅游教育可以引入可持续发展课程，强调旅游业的社会责任和环境保护。在课程中，可以纳入可持续旅游管理、生态旅游规划、社会文化影响评估等方面的内容。学生通过这些课程能够理解可持续发展的概念，并学会将其融入旅游业务和管理中。

（五）促进创新创业精神培养

1. 启示：培养创新能力和创业精神

现代教育理论强调培养学生的创新能力和创业精神。在高职旅游教育中，学生不仅需要掌握行业基础知识，还需要具备创新思维和解决问题的能力。创业精神则能够使学生更具竞争力，有望成为未来旅游行业的创新引领者。

2. 实践运用：开设创新创业课程

为促进创新创业精神的培养，高职旅游教育可以开设相关的创新创业课程。这些课程可以包括创业计划的制订、市场分析、创新管理等方面的内容。通过模拟创业项目、邀请成功企业家的经验分享等形式，学生能够更深入地了解创业过程和创新管理，提升其创新创业的能力。

（六）教育科技的整合

1. 启示：充分利用教育科技优势

现代教育理论认为教育科技是提升教学效果的有力工具。在高职旅游教育中，充分利用教育科技可以提高教学效率、拓展学科内容、激发学生学习兴趣；通过在线学习平台、虚拟实境技术、智能教育工具等，可以实现更多元化、灵活化的教学方式。

2.实践运用：引入在线学习和虚拟现实技术

高职旅游教育可以引入在线学习平台，为学生提供更灵活的学习机会。通过虚拟现实技术，学生可以在虚拟环境中模拟旅游导览、景区规划等实际操作，提前感知职业要求。此外，利用智能化教学辅助工具，教师可以根据学生的学习情况提供个性化的学习建议，提高学习效果。

（七）社会参与与合作

1.启示：强调社会参与与合作

现代教育理论强调院校与社会的互动与合作。在高职旅游教育中，院校需要积极参与社会实践，与旅游业相关企业和机构建立合作关系。这种社会参与与合作不仅能够为学生提供更丰富的实践机会，也有助于院校更好地了解行业需求。

2.实践运用：建立产学研合作平台

高职旅游教育可以建立产学研合作平台，与旅游业企业、研究机构紧密合作。通过实习、实训基地的建设，学生能够在真实的工作环境中学习。同时，院校还可以与企业共同开展研究项目，推动教育理论与实际需求的更好融合。

现代教育理论为高职旅游教育的发展提供了丰富的启示，构建个性化学习环境、强化跨学科综合能力培养、推动实践与理论的融合、倡导可持续发展教育以及促进创新创业精神培养等方面的理念，都有助于高职旅游教育更好地适应社会需求和行业发展。通过实践运用这些理念，高职旅游教育可以培养能力更全面、具有创新能力的旅游专业人才，为行业的可持续发展和创新注入新的活力。

三、教育理论与实际教学的融合

教育理论与实际教学的融合是现代教育体系中的一项重要任务。理论的引导和实践的经验相结合，有助于提高教学效果，培养学生更全面的能力。

（一）教育理论与实际教学的融合意义

1.理论指导实际教学

教育理论作为教学的指导原则，能够为实际教学提供科学的方法和战略。理论的引导有助于教师更清晰地认识到学生的学习特点、认知发展阶段以及不同教学方法对学生的影响。通过理论的指导，教师能够更有针对性地设计教学活动，提高教学的有效性。

2. 实际教学丰富理论

实际教学是对理论进行实践的过程，能够使理论得到验证和丰富。在实际教学中，教师可以发现理论在实际教学中的局限性和不足之处，从而推动理论的不断发展。同时，实际教学经验也为理论提供了生动的案例和实例，使理论更加贴近教学实际。

3. 培养学生综合素养

融合教育理论和实际教学有助于培养学生的综合素养。理论教育可以培养学生的理论思维和分析能力，而实际教学则注重学生在实践中运用所学知识的能力。理论与实践的结合使学生更好地理解和应用知识，可以培养出更全面、更有创造力的人才。

（二）实现教育理论与实际教学的融合方法

1. 构建合理的课程设计

合理的课程设计是教育理论与实际教学融合的基础。教师在设计课程时，可以将相关教育理论纳入课程框架中，同时注重设计实际案例和项目，以确保学生在实践中能够运用理论知识。

2. 采用灵活的教学方法

教育理论的多样性要求在教学过程中采用灵活的教学方法。不同的理论可能适用于不同的教学场景，因此教师应根据具体情况选用适当的教学方法，确保理论与实际教学相互贯通。

3. 引入案例分析和实际项目

案例分析和实际项目是教育理论与实际教学融合的重要手段。通过引入实际案例，学生能够在学习理论知识的基础上进行实际问题的分析和解决，从而更好地理解和应用理论知识。实际项目的设计也能使学生在实践中提高能力。

4. 注重学科交叉

学科交叉是促使教育理论与实际教学融合的有效途径。在课程设计中，教师可以引入其他学科的理论和方法，使学生能够接触多个学科领域，获取更为全面的知识。这有助于培养学生的跨学科综合能力，使学生更好地适应未来复杂多变的社会和职业环境。

5. 教师培训与专业发展

教师是教育理论与实际教学融合的关键执行者。为了更好地实现融合，教师需要不断接受相关培训和专业发展，不仅要熟练掌握最新的教育理论，还需要将其灵活运用到实际教学中。院校可以组织教师参与专业研讨会、培训课程，为教师提供实际教学的机会，以促进教育理论与实际教学的有效结合。

6. 建立实践基地与产学研合作

建立实践基地和与企业的产学研合作是理论与实际教学融合的重要支持。实践基地为学生提供了实际操作的场所，通过与企业合作，学生能够在真实的职业环境中应用理论知识。这种实际教学经验有助于巩固学生的理论学习，使学生更好地理解和运用所学。

（三）教育理论与实际教学融合的影响

1. 提高教学效果

教育理论与实际教学的融合有助于提高教学效果。理论的科学指导使教学更有针对性，实际教学经验则能够验证和丰富理论。学生在理论与实际的交互中更容易理解和掌握知识，提高学习效果。

2. 培养学生实际应用能力

教育理论和实际教学的融合有助于培养学生的实际应用能力。学生通过实际项目、案例分析等方式，能够在实践中灵活运用理论知识，更好地适应未来职业需要。

3. 激发学生学习兴趣

教育理论与实际教学的融合可以使课程更加生动有趣。学生通过实际案例、实际问题的解决，能够感受到知识的实用性，从而激发学习兴趣。这有助于提高学生的学习主动性和积极性。

4. 促进教师专业成长

教育理论与实际教学的融合也对教师的专业成长提出了更高的要求。教师需要不断学习最新的教育理论，同时通过实际教学不断积累经验。这有助于提高教师的教学水平和专业素养。

5. 推动教育创新

教育理论与实际教学的融合还能够推动教育创新。教师通过实践中的不断尝试和总结，可以发现更有效的教学方法和策略。这种创新精神对于适应社会变革、提升教育质量具有重要意义。

（四）面临的挑战和应对策略

1. 理论创新的压力

随着社会的发展，新的理论不断涌现，教育理论也在不断更新。教师需要面对理论创新的压力，不断学习和更新自己的理论体系。院校可以通过组织专业培训、参与学术研讨等方式，帮助教师更好地应对理论创新的挑战。

2. 实际教学条件的限制

在一些院校，实际教学条件可能受到限制，难以提供足够的实践机会。院校可以通过与企业建立更紧密的合作关系，借助实践基地和实际项目，为学生提供更多实际操作的机会。

3. 教师专业发展机制的不完善

一些院校的教师专业发展机制可能相对滞后，未能有效激励教师参与理论研究和实际教学创新。院校可以倡导建立更加灵活和激励的教师专业发展机制，包括奖励制度、职称评定等方面，鼓励教师积极参与理论研究和实践教学。

4. 学科交叉的整合难度

学科交叉需要不同学科教师的密切合作，然而实际教学中由于学科体制的限制和教师个体差异，学科交叉的整合难度较大。院校可以通过建立跨学科教研组、制订联合培养计划等方式，促进不同学科间的沟通与合作。

5. 学生对实际教学的应用能力的期望

学生对实际应用能力的需求常常高于教育理论的传授，因此，院校需要更加关注培养学生实际应用能力的教学设计。这可能需要院校更新课程内容，增加实践性课程和项目，以满足学生对实际技能的迫切需求。

院校可以采取以下应对策略。

1. 建立持续的教师培训机制

院校应该建立定期的教师培训机制，使教师能够及时了解最新的教育理论和教学方法。这有助于教师不断提升自己的理论水平，更好地将理论融入实际教学中。

2. 加强与企业的合作

通过与企业建立紧密的合作关系，院校可以提供更多实践的机会。这不仅包括实习和实践项目，还包括企业提供的案例分析、行业分享等形式，使学生能够更好地理解并运用所学理论。

3. 创建实践基地和实验室

院校可以投资建设实践基地和实验室，提供更真实的实践环境。这可以包括模拟实际工作场景的实验室、创业孵化器等，为学生提供更多的实际操作和实际项目的机会。

4. 设立实际教学奖励机制

为了激励教师在实际教学中的创新和表现，院校可以设立实际教学奖励机制，对在实际教学中取得显著成绩的教师进行奖励。这有助于增强教师的积极性和创造性。

5. 加强学科交叉的沟通机制

院校可以建立跨学科的教研组织，促进不同学科之间的沟通和合作。定期的跨学科研讨会、工作坊等活动有助于促进教育理论与实际教学的融合，提高学科交叉的整合度。

6. 推动教育改革和创新

院校应积极推动教育改革，灵活调整教育体制，提供更多的创新空间。这包括课程设置的灵活性、教学方法的多样性、评价体系的创新等方面，以更好地适应社会需求和学生的发展。

7. 加强学生参与与反馈

鼓励学生参与实际项目、实践活动，给他们提供分享实际经验的机会。同时，建立有效的学生反馈机制，收集学生对课程设置、教学方法和实际教学体验的意见，以及时调整和优化教学方案。

通过以上策略的综合应用，院校可以更好地实现教育理论与实际教学的融合，提升教育质量，培养更具实际应用能力的学生。这样的教学模式不仅有助于满足学生的学习需求，也更符合社会对于高质量专业人才的需求。

第三节　高职旅游教育改革的理论框架

一、构建高职旅游教育改革的理论框架

高职旅游教育作为培养旅游从业人才的关键阶段，面临着社会需求不断变化、行业发展日新月异的挑战。为了适应现代社会对旅游人才的需求，推动高职旅游教育的改革势在必行。

（一）背景分析

1. 社会需求的变化

随着旅游业的快速发展，旅游从业人才需要具备更多元化、全面化的能力，不仅要具备传统的管理和服务技能，还需要具备创新能力、跨文化沟通能力等。社会对旅游专业人才提出了更高的要求，因此高职旅游教育需要及时调整教育目标和培养模式。

2. 行业的快速变革

随着科技的发展和社会经济的变革，旅游行业也面临着快速的变化，如智慧旅游、可持续发展旅游等概念的兴起。高职旅游教育需要跟上行业发展的步伐，培养适应未来旅游行业发展需求的专业人才。

3. 国际化竞争的压力

随着全球化的发展，旅游行业不再受限于国界，国际化竞争逐渐加剧。培养具有国际视野和跨文化沟通能力的旅游人才成为高职旅游教育新的发展方向与目标。

（二）构建理论框架

1. 培养学生的综合素质

（1）理念：全面发展、注重人文素养

高职旅游教育应以培养学生的综合素质为核心理念，不仅关注学生专业技能的培养，更注重学生人文素养、社会责任感和团队协作能力的发展。这有助于培养更具社会适应性和创新能力的旅游专业人才。

（2）策略：开设综合素质课程

院校可以通过开设综合素质课程，涵盖文化、历史、人文、社会科学等多个领域，培养学生的广泛兴趣和跨领域能力。同时，注重实际案例的引入，让学生能够将理论知识应用到实际中，提高学生的实际问题解决能力。

2. 强化实践能力的培养

（1）理念：理论联系实际、注重实践应用

高职旅游教育的理念应强调理论联系实际，注重学生的实践应用能力。学生在课堂中不仅要学到理论知识，还要通过实际操作和实习经验，将理论知识应用到实际工作中，培养实际操作技能。

（2）策略：开设实践课程和实习计划

院校可以设计具有实际操作性的课程，如旅游规划与管理实践、导游实操技能等。此外，与旅游相关的企事业单位建立紧密联系，为学生提供实习机会，使学生在真实的工作环境中学到更多实际经验。

3. 培养创新精神

（1）理念：激发创新思维、培养创业能力

随着旅游业的不断发展，社会需要更多具备创新精神的从业人才。高职旅游教育应该培养学生的创新思维和创业能力，使学生能够在未来行业中更具竞争力。

（2）策略：开设创新创业课程和项目

院校可以引入创新创业课程，教授学生创新的理论知识和实践方法。同时，组织学生参与创新创业项目，让学生在实践中体验创新的过程，培养学生解决实际问题的能力。

4. 注重国际化视野

（1）理念：培养国际化人才、加强跨文化交流

随着旅游业国际化程度的提高，高职旅游教育需要注重培养具有国际化视野的人才。学生应具备跨文化沟通能力，了解国际旅游市场的发展动态，熟悉国际旅游法规和标准，以更好地适应全球化竞争环境。

（2）策略：开设国际化课程和交流项目

为了培养学生的国际化视野，院校可以开设国际化课程，包括国际旅游市场分析、国际旅游法规与标准等内容。同时，推动学生参与国际交流项目，

如与国外高校的合作交流、实习项目等，让学生更深入地了解国际旅游业的运作方式。

（三）实施路径和机制

1. 构建教育改革实施路径

（1）设立改革工作组

院校可以设立旅游教育改革工作组，由相关领导、教务处、专业教师等人员组成，负责制订和推动改革计划。

（2）制订详细的改革计划

工作组应制订详细的改革计划，明确改革的目标、内容、时间表和责任分工，确保计划的科学性和可行性，充分考虑学校的实际情况和资源。

（3）建立监测和评估机制

建立改革过程中的监测和评估机制，定期对改革进展进行评估，及时发现问题和调整方向，可以通过学生、教师的反馈、毕业生的就业情况等多方面的数据进行评估。

2. 构建培养机制

（1）建立导师制度

引入导师制度，由专业教师担任学生的导师，负责指导学生的学业规划、实践项目和创新创业计划，提供个性化的培养服务。

（2）加强实践基地建设

加强与旅游行业的企事业单位的合作，建立更多实践基地，为学生提供更丰富的实践机会。通过实际操作，学生能够更好地理解理论知识，提高实际应用能力。

（3）推动国际交流项目

积极推动学生参与国际交流项目，拓宽学生的国际视野。建立与国外高校的长期合作关系，实现学生的学分互认和学业交流。

3. 构建教师培训机制

（1）设立教师培训中心

设立教师培训中心，负责组织教师参与国内外学术研讨、行业培训等活动，提高教师的学科水平和教学能力。

（2）推行定期教学交流

建立定期的教学交流机制，鼓励教师之间相互分享教学心得和经验。通过教学交流，促进教师之间的互相学习和进步。

4.构建评价机制

（1）建立综合评价体系

构建包括学术表现、实践能力、创新成果等在内的综合评价体系，全面了解学生的综合素质和能力。

（2）引入社会评价

与行业相关机构建立合作，引入社会评价元素。通过行业专家的评审，对学生的实际操作能力和创新项目进行评价，提高评价的权威性和专业性。

高职旅游教育改革是适应社会需求和行业发展的必然要求。构建理论框架，明确培养目标和实施路径，是推动改革的关键。通过注重学生综合素质、实践能力、创新精神和国际化视野的培养，以及建设相应的机制，高职旅游教育可以更好地服务社会、满足行业需求，培养更符合时代要求的高素质旅游人才。

二、高职旅游教育改革理论框架中的关键要素与概念

高职旅游教育改革旨在适应现代社会和旅游行业的发展需求，培养素质更加全面、实践能力强、具有创新精神和国际化视野的旅游专业人才。为构建这一理论框架，我们有必要明确其中的关键要素和概念。

（一）综合素质的培养

1.概念阐释

综合素质是指个体在知识、能力、品德、态度等多个方面所具备的全面优良素质。在高职旅游教育中，综合素质的培养意味着学生不仅要具备专业知识和技能，还需要具备较高的人文素养、社会责任感以及团队协作精神。

2.关键要素

（1）人文素养

人文素养是综合素质的核心之一，包括对文化、历史、社会等多方面的了解和尊重。在高职旅游教育中，学生需要通过学习人文科学，培养对不同文化的理解，提高文化沟通能力，以更好地适应不同背景的旅游工作环境。

（2）社会责任感

旅游行业与社会密切相关，学生应当具备强烈的社会责任感，包括关注旅游行业的可持续发展，对文化保护和环境保护有一定的认知和担当，通过专业实践为社会做出积极贡献。

（3）团队协作精神

在实际工作中，旅游从业人员往往需要与团队紧密合作。培养学生的团队协作精神，通过团队项目、实习经验等方式，使学生学会有效沟通、协调合作。

3. 实践路径

（1）综合素质课程

通过设置综合素质课程，引导学生全面学习人文、社会科学等相关知识，培养其跨领域的知识结构。

（2）社会实践活动

组织学生参与社会实践活动，包括社区服务、志愿活动等，锻炼学生的社会责任感和人际交往能力。

（3）跨专业合作项目

推动不同专业学生之间的合作项目，促使他们在实际项目中学会协作、解决问题，提升学生的团队协作精神。

（二）实践能力的培养

1. 概念阐释

实践能力是学生将所学理论知识应用于实际工作中的能力。在高职旅游教育中，强调实践能力的培养意味着学生不仅要掌握理论知识，还要能够灵活运用这些知识来解决实际问题。

2. 关键要素

（1）实际操作技能

学生需要通过系统的实践课程，掌握与旅游专业相关的实际操作技能，如导游技能、旅游规划与管理等。

（2）实习经验

组织学生参与实习项目，让他们在真实的旅游工作环境中应用所学的知识，提高学生解决实际问题的能力。

（3）案例分析

引入实际案例，通过案例分析的方式培养学生分析问题、解决问题的能力，使他们能够更好地应对实际工作中的挑战。

3. 实践路径

（1）实践性课程

设计实践性课程，应注重培养学生实际操作能力。这些课程可以包括模拟实景操作、实地调研、实际案例解析等，使学生能接触到真实的旅游工作场景。

（2）与企业合作的实训基地

与旅游企业合作建立实训基地，提供更真实的实践环境。学生可以在实训基地中进行模拟业务操作，从而更好地适应实际工作。

（3）实践导向的毕业设计

将毕业设计项目设计为实际问题的解决方案，鼓励学生应用所学知识，结合实际情况提出创新性的解决方案，培养其实际操作能力。

（三）创新精神的培养

1. 概念阐释

创新精神是指个体具有开拓、创造、推陈出新的思维和行为。在高职旅游教育中，培养创新精神意味着学生要能接受和创造新观念，具备在解决问题时寻找新途径的能力。

2. 关键要素

（1）创新意识

培养学生具备发现问题、挑战传统的意识，鼓励他们勇于质疑，不断寻求更好的解决方案。

（2）创业能力

培养学生创业所需的能力，包括市场分析、商业模式设计、风险管理等，使他们在未来能够投身创业领域。

（3）团队协作与创新

创新不仅是个体行为，更是团队协作的结果。培养学生具备在团队中发挥创新作用的能力，推动团队整体创新能力的提升。

3. 实践路径

（1）创新创业课程设置

开设创新创业相关的课程，引导学生了解创新理念、创新模式，并通过实践项目锻炼其创新能力。

（2）创新项目竞赛

鼓励学生参与创新项目竞赛，提供一个展示和交流创新成果的平台，激发学生创新热情。

（3）创新实践基地

与科研机构或企业合作建立创新实践基地，为学生提供创新项目的实际操作场所，促进学生创新意识的培养。

（四）国际化视野的培养

1. 概念阐释

国际化视野是指个体具备对国际事务的关注和理解，能够跨越国界进行思考和行动。在高职旅游教育中，培养国际化视野意味着学生要能够理解全球旅游行业的发展趋势，具备与国际同行合作的能力。

2. 关键要素

（1）跨文化沟通能力

培养学生具备与不同文化背景人群进行有效沟通的能力，包括语言交流、文化礼仪、跨文化意识等，以适应国际化的工作环境。

（2）国际旅游法规与标准

学生需要了解国际旅游法规和标准，包括各国旅游政策、国际旅游质量管理标准等，以确保在国际旅游市场中的合规经营。

（3）国际视野

鼓励学生了解全球旅游行业的发展趋势、国际市场的变化，培养学生对全球旅游业务的洞察力，提高学生在全球范围内竞争的能力。

3. 实践路径

（1）国际化课程

开设国际化课程，包括国际旅游市场分析、国际贸易、国际法规等内容，帮助学生更好地了解全球旅游业务。

（2）跨国合作项目

与国外高校或企业合作，推动学生参与跨国合作项目，通过实际参与国际合作，培养学生的国际化视野。

（3）海外实习与交流

组织学生参与海外实习项目，为学生提供与国际同行交流的机会，让学生亲身体验国际化工作环境，培养学生跨文化沟通和适应国际化环境的能力。

（五）实施机制与评价体系

1. 实施机制

（1）改革领导小组

设立改革领导小组，由院校领导、相关专业教师和行业专家组成，负责制订改革计划和推动实施。

（2）教师培训机制

建立定期的教师培训机制，使教师能够及时了解最新的教学理念、新的行业动态，提高教学水平。

（3）实践基地建设

与旅游行业的企事业单位加强合作，建设实践基地，提供更真实的实践环境，促进学生实践能力的培养。

（4）跨学科协作机制

建立跨学科协作机制，促进不同学科之间的合作，推动理论和实践的有机融合。

2. 评价体系

（1）学科知识评价

对学生的学科知识进行全面、深入的评价，包括学科考试、论文评审等，确保学生掌握专业核心知识。

（2）实践能力评价

通过实践性课程的考核、实习评价、实际项目的评估等方式，全面评价学生的实践能力。

（3）创新成果评价

评估学生在创新项目中的表现，包括创新项目竞赛获奖情况、创业计划的可行性评估等，以全面了解学生的创新能力。

（4）国际化水平评价

通过学生的海外实习、参与国际项目、跨文化沟通能力的提升等多方面来评价学生的国际化水平。

高职旅游教育改革理论框架中的关键要素与概念构建了一个全面、实践导向、创新和国际化并重的培养体系。培养学生的综合素质、实践能力、创新精神和国际化视野，不仅能够更好地满足社会对旅游人才的需求，也有助于提升学生的竞争力和适应性。实施机制和评价体系的建立能够保障改革的顺利进行和效果的持续改善。通过这一理论框架，高职旅游教育将更好地迎接未来社会和行业的挑战，为培养更优秀的旅游专业人才奠定坚实基础。

第四节 创新驱动与高职旅游教育改革

一、创新驱动对高职旅游教育的影响

随着科技和全球化的迅速发展，旅游业作为一个重要的全球产业正经历着深刻变革。在这一背景下，创新驱动成为引领行业发展的关键力量之一。对于高职旅游教育而言，创新不仅是适应时代要求的需要，更是培养具备应对未来挑战的专业人才的必然选择。

（一）创新理念的引入

1. 创新的概念

创新是指在现有基础上，通过引入新思想、新理念、新技术、新模式等，实现对传统方法的颠覆性提升。在高职旅游教育中，创新不仅仅是技术或产品的创新，更涉及教育理念、教学模式和培养目标等多个层面。

2. 创新理念的核心

创新理念的核心在于激发学生的创造性思维、解决问题的能力以及适应未来旅游行业发展的灵活性。引入创新理念可以使旅游教育更具有前瞻性，更好地满足社会对旅游专业人才的需求。

3. 创新理念的影响

（1）学科边界的拓展

创新理念的引入有助于打破学科边界，将旅游教育与其他相关学科融合，

培养更具综合素质的人才。例如，通过融入信息技术、人工智能等前沿领域知识，培养学生更广阔的学科视野。

（2）培养创新思维

创新理念注重培养学生的创新思维和问题解决能力，使学生能够在未知领域中迅速适应、独立思考，并提出创新性的解决方案。这有助于学生在实际工作中更好应对复杂多变的情境。

（3）强调实践和应用

创新理念强调实践和应用，促使院校更注重将理论知识与实际操作相结合。通过创新实践项目，学生能够更好地将所学知识运用到实际中，提升实际问题解决能力。

（二）教育模式的转变

1. 传统教育模式的不足

传统教育模式往往注重知识的灌输，强调教师对学生的一对多传授。然而，这种模式在培养学生创新能力和实际操作技能方面存在明显不足。

2. 创新教育模式的特点

（1）强调学生参与

创新教育模式强调学生的参与性，鼓励学生积极参与课堂讨论、团队项目和实践活动，使其成为学习的主体。

（2）实践导向

创新教育模式注重实践导向，通过模拟实景操作、实地考察、实习实训等方式，使学生能够在真实的工作场景中学到更多实际经验。

（3）跨学科整合

创新教育模式有助于促进不同学科之间的融合，打破学科壁垒，使学生能够全面地理解旅游行业的多方面内容。通过与其他专业领域的交叉，旅游专业的学生能够更好地应对旅游行业的复杂性和多样性。

3. 创新教育模式的影响

（1）培养学生的创新能力

创新教育模式能够更好地培养学生的创新能力，使其具备面对未知问题时提出创新解决方案的能力。通过项目驱动、实践活动等方式，可以激发学生的创造性思维。

（2）提高实际操作能力

强调实践导向的创新教育模式使学生更多地参与实际操作，提高了学生在旅游专业实际工作中所需的实际操作能力。这有助于学生更顺利地进入职业生涯。

（3）促进团队合作

创新教育模式通常采用团队合作的方式，培养学生的团队协作精神。在旅游行业中，团队合作是十分重要的，因为很多旅游项目需要多个方面的协同合作。

（三）实践环节的创新

1. 传统实践环节的不足

传统的实践环节通常局限于简单的模拟操作或是固定的实习项目，难以满足学生面对真实行业挑战的需求。实践内容和形式的单一性可能导致学生对于行业多样性的认知不足。

2. 创新的实践方式

（1）创新实践项目

引入创新实践项目，要求学生在实际项目中提出解决方案，推动学生运用创新思维应对真实问题。这有助于培养学生实际解决问题的能力。

（2）跨界实践

开展跨界实践，即与其他专业或行业合作，使学生接触不同专业领域的知识和技能，提高学生的综合素质。例如，与信息技术专业合作，开发旅游信息系统。

（3）社会实践活动

组织学生参与社会实践活动，如社区服务、文化活动组织等，拓宽学生的视野，增强学生的社会责任感。

3. 创新实践的影响

（1）实践经验的丰富性

创新的实践方式使学生的实践经验更加丰富多彩。通过参与创新实践项目，学生能够在真实场景中应用所学知识，提高解决问题的实际能力。

（2）对多样性需求的适应性

创新的实践方式有助于培养学生对于行业多样性的适应能力。通过跨界实践和社会实践，学生可以更全面地了解旅游行业的多个方面，从而更好地适应未来职业发展。

（3）激发学生的兴趣

创新的实践方式能够更好地激发学生的兴趣。通过参与有趣、创新的实践项目，学生可以提高学科热情，更愿意投入到实践活动中。

（四）对学生综合素质的培养

1.传统素质培养的不足

传统教育往往过分注重学科知识的传授，而忽略了学生综合素质的培养。学生在实际工作中更多的是需要全面素质，包括创新能力、团队协作、沟通能力等。

2.综合素质的培养方式

（1）培养创新思维

创新驱动的教育注重培养学生的创新思维，使学生在解决问题时能够更富有创造性。这不仅有助于学生在职业生涯中更好地适应行业发展的需要，还使学生能够在竞争中脱颖而出。

（2）促进团队合作

创新教育模式通常以团队为单位，培养学生的团队协作和沟通能力。这种团队合作的培养有助于学生更好地适应未来工作中的团队合作环境。

（3）提高实际解决问题的能力

创新的实践方式和实际项目能够提高学生在面对实际问题时的解决能力，培养他们更好适应未知情境、迅速提出解决方案的能力。

3.创新对综合素质的影响

（1）个人综合素质的全面提升

通过创新驱动的高职旅游教育，学生的综合素质将得到全面提升，不仅在专业知识上具备扎实的基础，还能够展现出更强的创新意识、实际操作技能、团队协作精神和跨文化沟通能力，更具竞争力和适应性。

（2）适应未来行业需求

旅游行业正在迅速变化，对从业人员提出了更高的要求。创新驱动的高职旅游教育使学生更好地适应未来行业发展趋势，具备更强的应变能力，能够迅速适应新兴技术和新的业务模式。

（3）培养创业精神

创新驱动的高职旅游教育鼓励学生追求新的思路和商业机会，培养了他们的创业精神。这有助于学生更好地创业或在创新型企业中发挥作用。

（五）挑战与应对

1. 挑战

（1）教育体制的创新

传统的教育体制较为僵化，因此创新驱动的教育需要突破传统的课程设置和评价方式，提出更符合创新理念的培养体系。

（2）师资队伍的培养

创新驱动的教育需要具备创新思维和实践经验的教师团队，培养这样的师资队伍需要一定的时间和资源投入。

2. 应对策略

（1）课程体系的调整

院校可以通过对课程体系的调整，引入更多与创新相关的课程，鼓励学生参与创新项目和实践活动，提升其创新能力。

（2）师资队伍培训

院校应该加大对师资队伍的培训力度，提升教师的创新教育理念和实践能力，使其更好地引导学生参与创新活动。

（3）与企业合作

院校可以与旅游行业的企业合作，建立实训基地，提供更多实际项目和实践机会，使学生能够在真实环境中提高创新能力。

创新驱动对高职旅游教育的影响体现在多个层面，包括创新理念的引入、教育模式的转变、实践环节的创新以及对学生综合素质的培养。创新不仅是适应时代发展的需要，更是培养未来旅游专业人才的关键路径。通过引入创新理念、教育模式的创新，以及实践环节的创新，高职旅游教育可以更好地满足学生的需求，提高其竞争力，使其更好地适应未来行业的挑战。

然而，要实现创新驱动的高职旅游教育，需要克服教育体制的惯性和师资队伍的培训难题。通过课程体系的调整、师资队伍的培训以及与企业的合作，可以有效应对这些挑战。创新驱动的高职旅游教育不仅能够为学生提供更好的学习体验，更能够为旅游行业培养更具创新精神的专业人才，推动整个行业的可持续发展。

二、创新驱动理念在高职旅游教育中的可持续发展

随着社会的不断变革和科技的飞速发展，创新已经成为推动各行各业发展的关键力量之一。在高职旅游教育领域，创新驱动理念的引入对于培养具有实际操作能力、创新思维和国际竞争力的专业人才至关重要。

（一）创新驱动理念的内涵

1. 创新驱动的基本概念

创新驱动是一种推动发展的动力，强调通过引入新思想、新技术、新方法等创新元素，激发组织内部的活力，提高整体创新水平。在高职旅游教育中，创新驱动理念强调院校、教师和学生在教学和研究中积极追求新知识、新技术和新方法，以适应不断变化的社会需求和行业趋势。

2. 可持续发展的核心思想

可持续发展强调满足当前需求的同时，也要满足未来需求的能力。在高职旅游教育中，可持续发展的目标是通过创新驱动，培养具备长期竞争力和适应性的旅游专业人才，以适应行业的不断变革和全球化趋势。

3. 创新驱动与可持续发展的融合

创新驱动与可持续发展并非独立存在，而是相互融合、相辅相成的。创新为可持续发展提供了动力和手段，而可持续发展则为创新提供了长期发展的基础和方向。

（二）创新驱动理念在高职旅游教育中的实践路径

1. 课程体系的创新

（1）引入前沿知识与技术

更新课程内容，引入最新的旅游业发展趋势、前沿的科技应用和国际化的管理理念。通过实时调整课程，可以确保学生接触最新的业界信息和技术。

（2）实践导向的课程设计

重视实践性课程设计，使学生在课堂上能够运用所学知识解决实际问题。通过模拟实景操作、实地调研等方式，可以提升学生的实际操作能力。

2. 教学方法的创新

（1）项目驱动学习

采用项目驱动学习的方式，让学生在团队中参与真实项目，提高解决问题的实际能力。项目可以涉及实际业务、市场调研、创新设计等内容。

（2）跨学科教学

推动跨学科教学，将旅游专业与其他相关专业进行有机结合，培养学生的综合素质。例如，与地理信息科学专业合作，推动地理信息系统在旅游规划中的应用。

3. 实践环节的拓展

（1）产学合作实训基地

与旅游行业的企事业单位合作，建立实训基地，提供更真实的实践环境。学生可以在实训基地中进行模拟业务操作，从而更好地适应实际工作。

（2）创新实践项目

设立创新实践项目，鼓励学生运用所学知识和创新思维，参与实际项目的规划、设计和执行。这有助于培养学生解决实际问题的能力。

4. 师资队伍的培养

（1）制订培训计划

学校可以制订创新驱动教育的培训计划，针对教师的创新能力和实践经验进行培养，使其更好地引领学生参与创新活动。

（2）产学研结合

推动师资队伍与产业界的深度合作，使教师能够更好地了解行业的实际需求和发展方向。通过与企业的紧密联系，教师可以及时了解行业最新动态，为教学内容的更新和创新提供有力支持。

（三）创新驱动理念的影响因素

1. 院校管理体制

院校管理体制的灵活性和开放性对创新驱动的实施至关重要。院校领导需要具备鼓励创新的理念，支持创新教育的实践，并在管理层面为教师和学生提供更大的自主权。

2. 教育资源投入

创新驱动需要大量的教育资源投入，包括更新设备、图书资料、实践基地等。院校应当注重对教育资源的投入，以确保创新教育能够有足够的支持和条件。

3. 教师队伍素质

教师队伍的素质是影响创新教育实施的重要因素。教师需要具备创新意识、实践经验，能够引导学生参与创新活动。因此，对教师进行培训和激励是关键的一环。

4. 行业合作关系

与旅游行业的合作关系直接关系到院校是否能够紧跟行业发展的脚步。建立和谐的产学合作关系，能够为院校提供更多实际案例、实践机会，推动创新驱动理念的可持续发展。

（四）面临的挑战与解决策略

1. 挑战

（1）传统观念的阻碍

传统的教育观念可能会成为创新驱动理念推行的障碍。一些教师和学生可能仍然对传统的课堂教学模式存在依赖，难以接受创新教育的新理念。

（2）资源投入不足

创新教育需要大量的资源投入，包括技术设备、实践基地等。院校如果缺乏足够的财政支持和行业合作，可能难以提供给学生足够的实践机会。

2. 解决策略

（1）宣传与培训

通过宣传活动和培训课程，向教师和学生传达创新驱动理念的重要性，帮助他们理解并逐步接受新的教育理念。教师的认知和支持是创新驱动可持续发展的基础。

（2）资源整合与合作

院校可以积极整合内外部资源，与企业建立更紧密的合作关系，争取更多的资金和实践资源。通过资源整合，院校能够提供更优质的实践环境和更多的实践机会，增强学生的实际操作能力。

（3）制订激励政策

为了推动教师积极参与创新驱动教育，院校可以制订相应的激励政策，鼓励教师参与创新项目、提升教学水平，并将其与职称评定和奖励机制相结合。这有助于形成一种积极向上的氛围，推动创新教育理念在教师中的广泛认同和实践。

（4）拓展国际合作

通过与国外高校和旅游行业组织建立合作关系，院校可以获取更多国际化的教学资源和创新理念。与国际接轨，吸收国际先进经验，有助于提升教育水平，培养更具国际竞争力的旅游专业人才。

（五）创新驱动理念的可持续发展路径

1. 建立长效机制

院校应该从组织结构、管理体制、教学评价等方面建立长效机制，确保创新驱动理念不是短期的临时举措，而能够长期贯彻于学校的教育体系之中。

2. 定期评估和调整

定期对创新驱动教育的实施效果进行评估，从学生的综合素质、就业率、行业认可度等方面进行综合考量。根据评估结果，及时调整教学方案，保持教学内容的前瞻性和实践性。

3. 持续培训教师队伍

创新驱动理念需要有一支充满活力、富有创造力的教师队伍来贯彻。因此，院校应该建立持续培训机制，通过各类培训、学术交流等方式提升教师的创新能力和实践水平。

4. 强化与行业的合作

与旅游行业的深度合作是创新驱动理念可持续发展的重要保障。通过建立产学合作机制，院校可以更好地了解行业需求，为学生提供更贴近实际的教育和培训。

5. 鼓励学生创新实践

院校应该设立创新奖励机制，鼓励学生积极参与各类创新实践项目。这有助于培养学生的实际操作能力和创新意识，推动创新驱动理念在学生中的深入落地。创新驱动理念在高职旅游教育中的可持续发展是一个需要系统思考和长期推进的过程。通过建立创新的教育体系、实施创新的教学模式、加强师资队伍建设以及深化与行业的合作，院校能够更好地培养适应未来旅游行业发展的专业人才。同时，应充分认识到在推动创新驱动理念的过程中，可能面临的困难和阻力，采取相应的策略和措施，以确保创新驱动理念的可持续发展。通过不断调整和优化，高职旅游教育能够更好地适应时代的发展，为学生提供更加优质的教育体验，为旅游行业的可持续发展贡献更多有力的支持。

第二章　高职旅游课程体系的优化与创新

第一节　高职旅游传统课程体系存在问题

一、对高职旅游传统课程体系的批判性分析

高职旅游专业作为培养旅游从业人员的重要途径之一，其课程体系在很大程度上决定了学生的专业素养和就业竞争力。然而，高职旅游传统的课程体系在应对快速变化的旅游市场和复杂多样的行业需求时，可能存在一些局限性。

（一）传统课程体系的构成

1. 通识基础课程

通识基础课程通常包括语文、数学、外语、政治等。这些课程旨在提高学生的综合素质和基本能力。

2. 专业基础课程

专业基础课程是旅游专业学生学习的核心，包括旅游学原理、导游技能、旅游地理等。这些课程构成了学生后续专业发展的基础。

3. 实习与实践环节

实习与实践环节旨在让学生将理论知识应用到实际操作中，提升其实际工作能力。这一环节通常包括实地考察、实习实训等形式。

（二）传统课程体系存在的问题

1. 行业知识滞后

目前，旅游行业发展迅猛，新的业务模式、技术和服务理念不断涌现。

传统课程体系相对滞后,无法及时更新内容,导致学生在毕业后可能面临专业知识不足的问题。

2. 缺乏实际操作能力培养

传统课程体系偏重理论知识的灌输,实际操作能力的培养相对薄弱。学生在实际工作中可能面临操作技能不足、实践经验不足的挑战。

3. 缺少创新思维培养

旅游行业要求从业人员具备创新思维和解决问题的能力。然而,传统课程体系较为死板,缺乏培养学生创新意识和独立思考的机会。

4. 跨学科整合不足

旅游行业涉及文化、地理、经济、管理等多个学科领域,但传统课程体系通常较为分散,缺乏跨学科整合,难以使学生形成学科交叉的综合素质。

(三)对传统课程体系的批判性分析

1. 缺乏灵活性和适应性

传统课程体系通常较为固定,难以灵活调整以适应行业的快速变化。这使得学生在毕业后面临的可能是过时的知识和技能。

2. 缺乏与行业的深度融合

传统课程体系往往更注重理论体系的构建,而忽视了与实际行业的深度融合。这使得学生在实际工作中可能需要一定的适应期,而无法直接上岗。

3. 对学生综合素质的培养不足

传统课程体系更注重学科知识的传授,而较少涉及学生的综合素质培养,如团队协作、创新思维、跨文化沟通等。

(四)改进方向与建议

1. 引入前沿知识与技术

定期审视和更新课程内容,引入最新的旅游行业知识、技术和管理理念。确保学生接触最新的业界信息,提升其竞争力。

2. 重视实践导向的课程设计

加强实践导向的课程设计,确保学生在课堂上能够运用所学知识解决实际问题。这可以通过模拟实景操作、实地考察、实习实训等方式实现。

3. 强化跨学科整合

推动跨学科教学，将旅游专业与其他相关专业有机结合，培养学生的综合素质。例如，与地理信息科学专业合作，推动地理信息系统在旅游规划和管理中的应用，实现跨学科整合，提高学生在多领域中的适应能力。

4. 加强实习与实践环节

与旅游行业的企业建立紧密联系，建立更多的实习基地，提供更多实际项目和实践机会。通过实践，学生能够更好地了解行业运作，提升实际操作能力。

5. 引入创新教学方法

采用更灵活和创新的教学方法，如项目驱动学习、案例分析、团队合作等。通过这些方法，可以培养学生的创新意识、解决问题的能力，并提高学生的团队协作能力。

6. 推动产学研结合

加强与旅游行业的产学研合作，使学生更好地了解行业发展需求。通过与企业的深度合作，可以提供更贴近实际的教育内容，帮助学生更好地适应行业实际。

7. 强化创新思维培养

在课程中注重培养学生的创新思维，鼓励学生提出新观点、开展创新项目。可以通过设立创新实践项目、组织创新竞赛等方式，激发学生的创造力和创新潜能。

8. 引入新的评价体系

传统的评价体系主要以考试为主，而在旅游行业中，实际操作和实际能力更为重要。可以探索引入更多实际操作和项目评估，更全面地评价学生的能力。

高职旅游传统课程体系在培养学生基本专业知识的同时，也存在知识滞后、实际操作能力不足、缺乏创新思维等问题。为了更好地适应快速变化的行业需求，提高学生的综合素质和竞争力，有必要对传统课程体系进行改进。

改进的方向包括引入前沿知识与技术、重视实践导向的课程设计、强化跨学科整合、加强实习与实践环节、引入创新教学方法、推动产学研结合、强化创新思维培养以及引入新的评价体系。这些改进举措旨在打破传统教学的束缚，更好地服务学生的职业发展和行业需求。

在改进的过程中，需要院校、教师和行业等多方面的合作与支持。只有通过不断的创新和改革，高职旅游教育才能更好地培养适应未来行业发展的优秀人才，为旅游行业的可持续发展做出积极贡献。

二、高职旅游课程改革的紧迫性与必要性

随着全球旅游业的快速发展和变革，高职旅游教育作为培养旅游从业人员的重要领域，其课程体系亟待进行深刻的改革。紧跟时代潮流，提高教学质量，培养适应行业发展的专业人才已成为当务之急。

（一）全球旅游业的变革

1. 旅游业的快速增长

近年来，全球旅游业持续蓬勃发展，成为许多国家经济增长的亮点。旅游业的不断扩大为相关从业人员提供了更多的就业机会，也使得旅游专业人才的需求迅速增加。

2. 技术与创新的推动

科技的发展带来了旅游业的数字化和智能化升级，新兴技术如人工智能、大数据、虚拟现实等在旅游业中的应用日益广泛。旅游从业人员需要具备对新技术的理解和运用能力。

3. 旅游市场的国际化

旅游市场日益国际化，跨文化沟通和全球化视野成为旅游从业人员不可或缺的素养。适应国际市场需求的旅游专业人才将更受欢迎。

（二）当前高职旅游教育面临的挑战

1. 课程内容滞后

传统的课程内容相对滞后，未能及时跟进行业发展的最新趋势和技术变革，使得学生在就业时可能存在知识空白。

2. 实际操作能力不足

传统的教学方法偏重理论知识的传授，实际操作的培养不足。这导致学生在实际工作中可能面临操作技能不足、适应期过长等问题。

3.缺乏创新思维

旅游业需要富有创新精神的从业人员，而传统的课程体系较为死板，缺乏培养学生创新意识和独立思考的机会。

4.跨学科整合不足

旅游业涉及多个领域，包括文化、地理、经济、管理等，而传统的课程体系较为分散，缺乏跨学科整合，难以培养学生的综合素质。

（三）高职旅游课程改革的紧迫性

1.适应行业发展需求

目前，随着旅游业的快速发展，行业对从业人员的需求不断升级，要求从业人员具备更广泛的知识面、更强的实际操作能力和更高的创新思维。

2.提高学生就业竞争力

传统课程体系的滞后使得学生在就业市场上可能面临竞争力不足的问题。通过课程改革，可以提高学生的就业竞争力，更好地满足市场需求。

3.推动科技与创新发展

科技和创新是推动旅游业发展的重要动力。通过课程改革，可以培养更多具备科技应用和创新思维的专业人才，推动整个行业的进步。

4.强化国际化视野

旅游业的国际化发展要求从业人员具备跨文化沟通能力和全球化视野。通过课程改革，可以更好地培养适应国际市场的专业人才。

（四）高职旅游课程改革的必要性

1.优化课程内容

课程改革应优化课程内容，引入最新的旅游业发展趋势、科技应用和管理理念，使学生能够在学校阶段就接触最前沿的知识，更好适应未来工作的需要。

2.强化实际操作能力

课程改革应强调实际操作能力的培养，加强实践导向的课程设计，确保学生能够在毕业后具备独立实际工作的能力。

3.培养创新思维

课程改革应引入更灵活、创新的教学方法，注重培养学生的创新思维和解决问题的能力。通过项目驱动学习、实际案例分析等方式，激发学生的创造力和创新潜能。

4. 跨学科整合

课程改革应推动跨学科整合,将旅游专业与其他相关专业有机结合。这有助于培养学生的综合素质,使其在不同领域中都能够胜任工作。例如,与地理信息科学、文化遗产管理等专业合作,实现跨学科的协同培养。

5. 强调实习与实践

课程改革应加强实习与实践环节的设计,与行业建立更紧密的联系,提供更多实际项目和实践机会。通过与企业的深度合作,学生能够更好地了解行业运作,提升实际操作能力。

6. 引入国际化元素

课程改革应引入国际化元素,包括国际实习、国际交流项目等。培养学生的国际视野和跨文化沟通能力,使其更好地适应国际化的旅游市场。

7. 推动科技与创新教育

课程改革应当推动科技与创新教育,培养学生对新兴技术的敏感性和应用能力。引入信息技术、大数据分析、虚拟现实等内容,使学生能紧跟科技发展的步伐,更好地适应数字化时代的旅游行业。

8. 设立创新奖励机制

为了激励学生参与创新实践,院校可以设立创新奖励机制,鼓励学生提出新观点、参与创新项目。这有助于培养学生的创造力和创新精神。

9. 加强与行业的合作

通过加强与旅游行业的深度合作,院校能够更好地了解行业需求,及时调整课程内容和结构。建立产学研结合的机制,推动课程改革与实际行业发展的紧密结合。

(五)课程改革的实施策略

1. 制订详细的改革计划

学校需要制订详细的课程改革计划,明确改革目标、内容、时间表等。确保改革过程有序进行,不影响学生正常学习。

2. 教师培训与团队建设

课程改革需要教师具备新的教学理念和方法,因此,院校应该开展相关培训,提高教师的教育水平和创新能力。同时,建立团队合作机制,促进教师之间的交流与合作。

3. 建立学生反馈机制

建立学生反馈机制，及时收集学生对新课程的意见和建议。通过学生的反馈，调整和优化课程，确保课程改革方向符合学生的实际需求。

4. 积极与企业合作

加强与旅游企业的紧密合作，建立实习基地、提供实际项目支持。通过与企业的深度合作，确保学生在实践环节能够接触到真实的行业问题，提高实际操作能力。

5. 宣传与推广

进行宣传与推广工作，向校内外宣传课程改革的重要性和意义。吸引更多学生参与到新课程中，形成院校与行业之间的良好互动。

高职旅游课程改革的紧迫性与必要性主要体现在适应行业发展需求、提高学生就业竞争力、推动科技与创新发展、强化国际化视野等方面。通过优化课程内容、强化实际操作能力、培养创新思维、加强与行业的合作，高职旅游教育能够更好地培养符合时代要求的复合型专业人才。院校需要制订详细的改革计划，教师需要接受相关培训，学生的反馈也应该被充分考虑。改革过程需要与企业密切合作，确保学生能够更好地适应实际工作。通过这些努力，高职旅游教育课程将更好地服务于学生的职业发展，促进整个旅游行业的可持续发展。

第二节 旅游行业需求与课程设置调整

一、分析旅游行业对人才的新需求

目前，随着全球旅游业的迅猛发展，旅游行业对人才的需求也日益多样和复杂。新的技术、社会趋势、消费者期望等因素使得旅游行业对人才提出了更高的要求。

（一）数字化与科技化背景下的人才需求

1. 大数据与分析人才

随着数字化时代的到来，旅游行业大量产生和积累的数据需要专业人才进行分析和挖掘。具备数据分析、统计学、人工智能等方面知识的人才，能够更好地理解市场趋势、优化运营，提高决策效果。

2. 信息技术与互联网人才

旅游行业的数字化转型离不开信息技术和互联网的支持。具备网络技术、应用开发、电子商务等专业知识的人才，能够推动旅游业务的在线化、智能化发展。

3. 虚拟现实与增强现实人才

虚拟现实（VR）和增强现实（AR）技术在旅游体验中的应用越来越广泛。具备相关技术背景的人才，能够设计和开发虚拟旅游产品，提供更丰富、沉浸式的旅游体验。

（二）社会趋势对人才需求的影响

1. 可持续发展专业人才

随着可持续发展理念的普及，旅游行业对具备可持续发展理念的人才需求增加。这包括环境科学、生态学、可再生能源等领域的专业人才，以推动旅游业的绿色转型。

2. 文化与语言专业人才

随着旅游业的国际化，对懂得多国语言、了解多元文化的人才需求增加。具备跨文化沟通能力、文化解读能力的专业人才，能够更好地服务国际游客，提升旅游产品的国际竞争力。

3. 社会心理学与服务专业人才

目前，社会心理学和服务管理等专业背景的人才在旅游行业中变得愈加重要，了解消费者心理，提供个性化的服务，成为提升用户体验的关键。

（三）新型旅游业态对人才的要求

1. 旅游电商与在线平台人才

随着旅游电商和在线平台的崛起，对于具备电子商务、在线推广、数据分析等方面技能的人才的需求明显增加。这类人才能够参与平台的运营、推广、数据分析等工作。

2. 体验式旅游人才

体验式旅游注重旅游活动的感官体验和情感共鸣，对于具备创意设计、活动策划、主题营销等能力的人才需求增加。这些人才能够创造独特的旅游体验，满足消费者对于个性化的需求。

3. 生态旅游与农业旅游人才

随着生态旅游和农业旅游等新兴业态的发展，对于了解自然生态、农业知识、乡村振兴等方面的人才提出了更高的要求。这类人才能够参与规划、运营生态农业旅游项目，推动可持续发展。

（四）提升人才培养

1. 教育体系的调整与创新

为了满足旅游行业对新型人才的需求，高职旅游教育体系需要进行调整和创新。院校应该及时更新课程，引入最新的科技、管理和社会科学等领域的知识，确保学生在校期间能够获得实用、前沿的专业技能。

2. 跨学科的综合培养

鉴于旅游行业的复杂性和多样性，院校应推动跨学科的综合培养。学生不仅要具备专业知识，还要能够在多学科的交叉领域中应用专业知识解决问题。例如，结合旅游管理与环境科学，学生能够在可持续旅游方面有更深入的理解。

3. 实践性教学的加强

加强实践性教学，包括实习、实训、项目驱动等，使学生在实际操作中能够运用所学知识，提高实际工作能力。与企业建立紧密联系，为学生提供更多的实践机会，使他们能够更好地适应行业的需求。

4. 创新性思维的培养

培养学生的创新性思维是满足新型旅游业态需求的关键。引导学生关注行业的最新动态，培养他们对新理念、新技术的敏感性。在课程中注重创新教学方法，激发学生的创造力和创新潜力。

5. 多元文化与语言能力的培养

随着旅游业的国际化，院校应该重视多元文化和语言能力的培养。设立国际化的课程，提供多语种教学，增设国际交流项目，使学生能够具备更强的国际竞争力。

6. 持续学习与适应能力

旅游行业的变革日新月异，从业人员需要具备持续学习的意识和能力。培养学生具备自主学习的习惯，鼓励他们参与行业研究、学科前沿的学习，提高其适应未来变化的能力。

（五）院校与行业合作

为了更好地满足旅游行业对人才的新需求，院校与行业合作变得至关重要。

1. 产学研结合的实践

建立产学研结合的实践机制，通过与旅游企业的深度合作，将实际行业需求融入课程设计、实践教学等方面。这有助于确保学生毕业后能够迅速适应行业工作。

2. 提供实习和培训机会

为学生提供更多实习和培训的机会，使他们在真实的工作环境中积累经验。这有助于学生更深入地了解行业运作，并培养实际操作的能力。

3. 行业导师制度的建立

建立行业导师制度，由从业人士担任学生的导师，指导学生的学业和职业规划。行业导师可以传授实际经验、分享行业最新趋势，帮助学生更好地了解和适应行业的要求。

4. 共同研究与创新项目

院校与行业可以共同开展研究与创新项目，共同探讨解决行业面临的挑战和问题。这种合作不仅能够促进知识的共享，还能够培养学生的创新能力和解决问题的实际能力。

5. 参与人才培训计划

行业可以积极参与人才培训计划，为院校提供行业意见和建议，帮助院校更好地了解行业的发展方向，调整和优化培养计划。

（六）面临的挑战与应对策略

1. 技术更新速度快

随着科技的发展，旅游行业对技术方面的需求日益增加。院校需要与行业保持密切联系，了解最新技术动态，及时更新课程内容，确保学生学到的知识是行业最新、最实用的。

2. 多元化人才需求

旅游行业不仅需要具备技术能力的人才，还需要具备创意、服务、管理等多方面能力的综合型人才。院校需要综合考虑各方面的需求，设计培养方案，培养出更加全面的专业人才。

3. 人才培养周期长

旅游行业对于专业人才的培养需要一定的时间，而行业的发展速度较快，人才培养周期与行业发展的速度不太匹配。为了缓解这一问题，院校可以采用灵活的课程设计，更好地适应行业的发展需求。

4. 国际化需求增加

随着旅游行业国际化趋势的加强，对具备国际视野和跨文化沟通能力的人才需求不断增加。院校需要加强国际交流与合作，提供更多国际化的教育资源，培养具备国际竞争力的人才。

综合而言，旅游行业对人才的新需求主要体现在数字化与科技化、社会趋势、新型旅游业态等多个方面。为了满足这些新需求，院校和旅游行业需要加强合作，共同努力。在人才培养方面，院校应调整课程结构，提高实践性教学的比重，培养学生的跨学科综合能力。同时，旅游行业需要积极参与人才培训计划，提供实际经验和反馈，帮助院校更好地了解行业需求。通过合作，院校和旅游行业共同促进人才的培养，推动整个旅游行业的可持续发展。

二、针对行业需求调整高职旅游教育课程设置

随着全球旅游业的迅猛发展和变革，高职旅游教育作为培养旅游从业人员的关键领域，其课程设置需要与行业需求紧密匹配。为了培养更适应当前旅游业态和趋势的专业人才，高职旅游教育课程需要进行合理的调整。

（一）行业需求的变化与挑战

1. 技术驱动与数字化趋势

随着科技的迅猛发展，旅游行业正迎来数字化和智能化的浪潮。在线预

订系统、虚拟现实体验、大数据分析等技术正在成为行业发展的新动力。因此，高职旅游教育需要培养学生具备相关技术知识和应用能力，使其能够适应数字时代的发展。

2. 可持续发展的重要性

随着社会对可持续发展的关注日益增加，旅游行业也在向可持续和环保方向发展。因此，高职旅游教育需要培养学生具备环保意识、可持续管理能力和对生态旅游的理解，以适应行业的转型需求。

3. 新兴旅游业态的崛起

生态旅游、文化创意旅游、健康休闲旅游等新兴业态正在崛起，对应的服务和管理需求也在不断增加。因此，高职旅游教育课程应该对这些新兴业态进行更加深入的剖析，使学生适应未来旅游市场的发展。

（二）调整高职教育旅游课程的原则

1. 实用性与职业导向

高职旅游教育课程调整的首要原则是实用性和职业导向。课程设置应紧密围绕实际岗位需求，确保学生在毕业后能够胜任实际工作，并具备行业所需的职业素养。

2. 灵活性与适应性

面对旅游行业快速变化的现状，高职旅游教育课程设置应具备一定的灵活性和适应性。灵活的课程结构能够更好地适应行业新趋势的变化，使学生具备更强的应变能力。

3. 跨学科与全面发展

为了培养更全面的旅游专业人才，高职旅游教育课程设置需要加强跨学科的整合，涉及管理、科技、环保、文化等多个方面的知识，使学生具备更广泛的专业素养。

4. 实践与理论相结合

高职旅游教育课程应该注重理论知识与实践技能的有机结合，通过实际案例分析、实地考察、模拟操作等方式，使学生既能够理解相关理论知识，又能够具备实际操作的能力。

（三）课程设置的具体调整方向

1. 技术与创新类课程

大数据分析与应用：学习数据分析技能，能够通过大数据挖掘了解市场需求，制订更科学的营销策略。

人工智能：学习人工智能技术，了解智能客服、推荐系统等在旅游行业中的实际应用，提高服务水平。

虚拟现实与增强现实体验设计：培养学生对虚拟现实和增强现实技术的理解，能够设计沉浸式的旅游体验。

2. 可持续发展与环保类课程

可持续旅游管理：提高学生对可持续发展理念的理解，引导学生学习如何规划和管理具有环保特色的旅游项目，推动旅游业向绿色可持续方向发展。

生态文化保护与管理：强调对生态文化资源的保护与管理，使学生能够在旅游项目开发中兼顾生态环境和文化遗产的保护。

环境影响评估与监测：学习如何进行环境影响评估，掌握环境监测技术，确保旅游项目在运营过程中对环境的影响得到有效控制。

3. 新兴旅游业态与服务类课程

健康休闲旅游管理：关注健康与休闲旅游的发展趋势，培养学生在健康旅游服务、健康管理等方面的专业素养。

文化创意旅游策划：学习文化创意产业与旅游的融合，培养学生策划文化创意旅游产品的能力。

乡村振兴与生态旅游规划：关注乡村振兴战略，培养学生在乡村旅游和生态旅游项目规划与运营方面的能力。

4. 跨学科与综合实践类课程

跨文化沟通与语言能力：强化对多国语言的学习，提高学生的跨文化沟通能力，以适应国际化的旅游环境。

项目实践与企业合作：将实际项目纳入课程，与旅游企业建立合作关系，使学生能够在实际项目中运用所学知识，提升实践能力。

综合管理案例分析：通过分析实际旅游管理案例，培养学生综合运用管理知识解决问题的能力。

（四）实施策略与机制建设

1. 师资队伍建设

院校应该加强对教师的培训，使其能够更好地了解新兴行业趋势，更新知识体系。

2. 实践基地与行业合作

建立实践基地，与旅游企业建立紧密的合作关系。学生可以在实际项目中进行实践，院校可以借此机会获取更多的行业反馈，不断优化课程设置。

3. 课程评估与调整机制

建立课程评估与调整机制，定期收集学生和企业的反馈意见，进行课程效果评估。基于评估结果，及时调整课程内容，确保课程设置与行业发展同步。

4. 学科交叉与团队协作

推动学科交叉与团队协作，鼓励不同学科领域的教师共同参与课程设计，形成更为综合的教学内容。在项目实践中，组建跨学科的团队，培养学生在协作中解决问题的能力。

5. 制度保障与激励机制

建立相应的制度保障和激励机制，鼓励教师参与课程调整和实践基地合作。同时，为学生提供实习、就业等方面的支持，提高他们参与课程的积极性。

三、推动课程内容与实际工作岗位的契合度

随着旅游行业的快速发展，高职旅游教育的培养目标是培养适应旅游行业发展需要的实用型专业人才。然而，当前一些高职旅游教育的课程设置与实际工作岗位的需求之间存在一定的脱节。为了更好地适应行业发展趋势和提高毕业生的就业竞争力，有必要推动高职旅游专业课程内容与实际工作岗位的契合度。

（一）分析行业需求与就业趋势

1. 行业专业化与细分化

旅游行业日益专业化和细分化，不同的旅游业务领域对人才的要求有所不同。例如，文化旅游、生态旅游、健康旅游等新兴业态的兴起，使得相应领域的专业要求变得更为突出。

2. 技术与创新的崛起

数字化、智能化技术在旅游行业中的应用逐渐成为趋势，因此对具备相关技术能力的人才需求增加。同时，创新型人才也更受欢迎，能够为行业注入新的活力。

3. 可持续发展与环保理念

随着社会对可持续发展和环保理念的日益关注，旅游行业对具备相关知识和实践经验的专业人才提出更高的要求。这要求高职旅游教育课程应更好地融入可持续发展的理念。

（二）提升高职旅游教育课程与实际工作岗位契合度的策略

1. 与行业深度合作

（1）建立产学研结合的实践基地

与旅游企业、景区、酒店等建立深度合作，建立产学研结合的实践基地。通过实践基地，学生能够深入了解行业运作、参与实际项目、提高实际操作能力。

（2）行业专业人士担任兼职教师

邀请行业专业人士担任兼职教师，将实际工作经验融入课堂。这不仅能为学生提供更为实际的案例分析，也能使课程内容更贴近行业实际。

2. 不断优化课程体系

（1）定期调研行业需求

定期进行行业需求调研，了解最新的岗位需求和行业趋势，通过与企业、行业协会的交流，获取最新的招聘信息和专业要求。

（2）引入新兴领域的课程

及时引入新兴领域的课程，如数字化营销、大数据分析、生态旅游规划等，确保课程体系能够涵盖行业内不断涌现的新业务和新需求。

（3）灵活设置选修课程

设置一定比例的选修课程，使学生能够根据个人兴趣和职业规划选择相关领域的深度学习。这有助于更好地满足学生个性化的职业发展需求。

3. 强化实践环节

（1）实践项目与实习机会

增加实践项目和实习机会，使学生能够在真实的工作环境中应用所学知识。通过与企业合作，提供更多的实际操作机会，锻炼学生实际工作能力。

（2）实地考察与调研

组织学生进行实地考察和调研，让他们亲身感受不同旅游业态的运作模式和管理实践。这有助于拓宽学生的视野，增强学生对实际工作环境的理解。

4.注重学科交叉

（1）跨学科综合课程

引入跨学科综合课程，涵盖管理、科技、文化、环保等多个方面的知识。通过将不同学科的内容整合在一起，培养学生更为全面的素养，使其能够胜任多领域的工作。

（2）跨专业项目合作

推动不同专业的学生进行项目合作，模拟真实的团队合作环境。例如，与酒店管理专业的学生合作策划一场文化旅游活动，使学生能够在跨领域合作中培养团队协作精神。

5.及时调整与反馈机制

（1）搭建教育与行业的桥梁

建立教育与行业的桥梁，定期召开行业峰会、座谈会，邀请行业专家分享经验、行业动态，与教师进行深入交流。通过这种方式，院校可以更加及时地了解行业的需求，从而调整课程设置。

（2）毕业生跟踪调查

开展毕业生跟踪调查，了解他们在职场的表现和所面临的挑战。通过毕业生的反馈，分析课程设置中存在的问题，并及时进行调整，提高课程与实际工作岗位需求的契合度。

（三）推动学科融合与实际工作岗位的契合度的挑战与对策

1.教师队伍的结构与素质问题

挑战：一些教师可能缺乏实际工作经验，导致他们在课程设计和实践环节的指导中难以把握行业最新发展动态。

对策：院校应该鼓励教师参与实际行业项目，提高他们的实践经验。与行业建立紧密联系，邀请业界专业人士担任兼职教师，带领学生更好地了解实际工作岗位。

2.课程体系更新的难度

挑战：课程体系更新需要投入大量时间和精力，而一些院校可能面临资源有限、人力不足的问题。

对策：院校可以通过建立专门的课程更新团队，由跨学科的专业人士和行业专家组成，共同负责课程的更新与调整。同时，借助信息化技术，利用在线平台和资源共享，更加高效地进行课程更新。

3.行业发展速度与课程更新的匹配度问题

挑战：行业发展速度较快，一些院校可能难以及时跟上最新的发展趋势。

对策：建立定期的行业对接机制，确保院校能够第一时间获取行业信息。同时，将行业从业人员纳入课程设计过程，使课程内容更贴近实际工作岗位。

4.学生个体差异与职业规划问题

挑战：学生在兴趣、能力、职业规划等方面存在差异，课程难以满足所有学生的个体需求。

对策：实施个性化教育，提供多样化的选修课程和实践机会，鼓励学生根据个人兴趣和职业规划进行选择。同时，建立职业规划咨询服务，帮助学生更好地规划未来发展路径。

在推动高职旅游教育课程与实际工作岗位的契合度方面，院校和旅游行业需要不断努力，采取有效措施以确保课程与行业需求的紧密契合。通过深化与行业的合作、不断优化课程设置、强化实践环节、注重学科融合等手段，可以有效提高高职旅游教育课程与实际工作岗位的契合度。

同时，院校需要关注教师队伍的结构与素质问题，通过提升教师的实践经验和引入行业专业人士，确保教师能够更好地理解行业动态。此外，加强学科交叉和个性化教育，使学生能够获得更广泛的知识和更灵活的发展空间，有助于满足个体差异和职业规划的需求。

在面对挑战时，院校可以借助现代技术手段，通过在线平台、远程教学等方式更灵活地进行课程更新和教学实践。此外，建立行业对接机制、定期进行行业调研以及聘请专业人士担任顾问，都是应对行业发展速度与课程更新匹配度问题的有效途径。

最终，推动高职旅游教育课程与实际工作岗位的契合度需要院校、行业企业、政府等多方的共同努力。只有通过紧密的合作与协同，才能够更好地满足旅游行业对专业人才的需求，为学生提供更有竞争力的教育体验，促进整个旅游产业的可持续发展。

第三节　高职旅游跨学科融合与实践能力培养

一、跨学科融合理念在高职旅游教育中的应用

随着社会的不断发展和旅游业的日益繁荣，高职旅游教育作为培养专业人才的关键领域，也需要不断创新教育理念和方法，以适应行业的多元化需求。跨学科融合理念在高职旅游教育中的应用，旨在打破传统学科界限，促进知识的整合与创新，培养更全面、具有综合素养的旅游专业人才。

（一）跨学科融合理念的意义

1. 突破学科壁垒

传统的学科划分往往导致知识在各自领域之间割裂，难以形成系统性的理解。跨学科融合能够突破学科壁垒，使不同领域的知识相互渗透，形成更为综合、完整的知识结构。

2. 促进创新思维

跨学科融合鼓励学生接触多个学科领域，激发创新思维和创造力。通过将不同学科的方法论、理论与实践相结合，学生更容易形成独特的视角，解决复杂问题，培养创新性思考和实践能力。

3. 适应复杂多变的行业需求

旅游行业涉及地理、文化、管理、科技等多个领域，要求从业人员具备跨学科的综合素养。跨学科融合使学生能够更好地适应旅游行业的复杂多变性，胜任各类旅游岗位。

（二）跨学科融合理念在高职旅游教育中的具体应用

1. 课程设置的跨学科整合

（1）跨学科综合课程

设置涵盖地理、文化、经济、环保等多个学科领域的综合课程。例如，

开设"全球旅游业发展与可持续管理"等综合性课程，使学生能够全面了解旅游行业的多个方面。

（2）跨专业选修课程

开设跨专业的选修课程，让学生有机会选择与旅游专业相关的其他学科，如计算机科学、人文地理、生态学等。这有助于培养学生更广阔的知识视野。

2. 实践项目的跨学科合作

（1）跨学科实践项目

组织学生参与跨学科实践项目，例如与酒店管理专业、IT专业的学生共同策划一个涉及旅游服务与科技创新的项目。通过合作，学生能够在实际项目中体验不同学科的知识与技能的交叉应用。

（2）产业合作与实践基地

与旅游行业企业建立紧密的合作关系，建立实践基地，让学生能够在真实的工作场景中进行实践。通过实践，学生能够深入了解不同学科知识在旅游行业中的应用。

3. 跨学科研究与创新

（1）跨学科研究团队

建立跨学科研究团队，邀请不同学科领域的教师共同参与研究。通过团队合作，促进不同学科之间的交流与合作，推动相关研究的深入发展。

（2）学科整合的科研项目

支持学科整合的科研项目，鼓励教师从事涉及多个学科领域的研究。例如，开展关于数字化技术在文化旅游中的应用研究，涉及信息技术、文化管理等多个学科领域。

4. 跨学科交流平台的建设

（1）学术论坛与研讨会

定期组织学术论坛与研讨会，邀请不同领域的专家学者分享经验和最新研究成果。通过交流，促进不同学科之间的互动与合作，激发师生对跨学科研究的兴趣。

（2）学科交叉的培训课程

开设学科交叉的培训课程，为教师提供机会学习其他学科领域的知识，促进教师跨学科融合思维的培养。这有助于提高教师的综合素养，使其更好地指导学生进行跨学科学习。

5. 跨学科素养的培养

（1）课程评估与反馈

建立定期的课程评估机制，了解学生在跨学科课程中的学习体验与收获。通过学生反馈，及时调整课程设置，确保跨学科融合理念能够有效地传递给学生。

（2）跨学科综合能力考核

设计跨学科的综合能力考核项目，包括实际案例分析、综合项目策划等。通过这些考核，评估学生在不同学科领域的综合运用能力，培养其跨学科思维和解决问题的能力。

（三）跨学科融合理念应用的挑战与对策

1. 学科领域专业性差异

挑战：不同学科领域的专业性差异可能导致学科融合时的理解难度，需要克服学科"术语壁垒"。

对策：建立专门的跨学科术语解释与沟通平台，通过定期的学科融合讨论会，促进师生之间的共同理解。同时，加强学科融合的培训，提高师生的专业素养。

2. 教师团队协同难度

挑战：传统的学科教师团队可能面临协同合作的困难，需要解决团队协同问题。

对策：建立跨学科协同教学的培训机制，鼓励教师参与跨学科项目，提高其协同合作能力。设立专门的跨学科项目管理团队，协助教师更好地组织和推进跨学科教学活动。

3. 课程体系整合难度

挑战：整合跨学科课程体系可能需要较长的时间，涉及课程设置、教材编写等多个方面。

对策：分阶段推进，先从小范围试点开始，逐步扩大影响。鼓励教师利用在线教学资源，整合跨学科的教材与案例，推动课程内容的融合。

4. 学生跨学科适应性问题

挑战：学生在接受跨学科教育时，可能面临学科知识不平衡、难以适应的问题。

对策：设置学科知识预备课程，帮助学生逐步适应不同学科的知识要求。通过导师制度，为学生提供个性化的学科发展建议，引导学生更好地融入跨学科学习环境。

二、高职旅游实践能力培养的新思路与方法

高职旅游教育作为培养旅游从业人员的重要途径，实践能力培养是其教育目标中至关重要的一环。随着旅游业的不断发展和多元化，传统的实践教育模式已不能满足行业的需求。

（一）新思路：以问题为导向的实践教育

1. 问题驱动学习

传统实践教育往往侧重于知识传授和技能培养，而以问题为导向的实践教育更注重学生通过解决实际问题来获取知识和技能。在高职旅游教育中，可以通过提供真实的行业问题，引导学生主动参与解决，从而培养其解决实际问题的实践能力。

2. 跨学科融合

问题往往涉及多个学科领域，需要学生融合多个领域进行综合思考。因此，高职旅游教育可以倡导跨学科融合，将地理、文化、管理、科技等多个学科融合到实际问题解决中，培养学生更全面的实践能力。

3. 实践导向的研究

引导学生进行实践导向的研究项目，将他们置于真实的情境中，通过调研、实地考察等方式解决实际问题。这不仅提高了学生的实践能力，同时促进了他们对旅游行业的深入思考。

（二）新方法：基于技术的实践培养

1. 智能化技术应用

借助智能化技术，如人工智能、大数据分析等，提供更真实、高效的实践场景。例如，通过虚拟现实技术，让学生模拟处理紧急事件的场景，提高其在实际工作中应对突发事件的能力。

2. 在线实践平台

建设在线实践平台，为学生提供实际案例分析、模拟经营、在线实地考察等实践机会。通过互联网技术，突破地域限制，让学生随时随地进行实践学习。

3. 信息化辅助教学

结合信息化手段，设计实践性强、贴近行业实际的教学内容。利用多媒体教学、在线课堂等形式，提供实际案例、行业数据分析，使学生能够在虚拟情境中获取实践经验。

（三）融合新思路与新方法的实践能力培养策略

1. 项目式实践教学

采用项目式实践教学，让学生以小组形式参与真实项目，从问题出发，进行实地调研、方案设计、实施等环节。通过团队合作，培养学生的协作与解决问题的能力。

2. 实践与理论相结合

实践教育不能与理论脱节，而是理论与实践相互贯通。在问题导向的实践中，及时引入相关理论知识，帮助学生更深入地理解实际问题，并将理论知识应用到实际问题解决中。

3. 行业导向课程设计

结合行业发展趋势和需求，设置能够培养学生实际操作技能的课程。例如，设计旅游数字营销、智能导游服务等课程，使学生能够更好地适应行业要求。

4. 实践导向评估机制

建立实践导向的评估机制，评价学生的实际操作能力、解决问题的能力和团队协作能力。通过实际项目、实地考察等方式，进行综合性评估，激发学生对实践能力培养的积极性。

（四）面临的挑战与对策

1. 技术平台建设难题

挑战：建设智能化、信息化的技术平台需要大量的资金支持和技术支持，院校可能面临资源不足的问题。

对策：采用云服务、开源技术等方式，降低技术平台建设的成本。同时，与相关企业建立合作关系，争取更多的技术支持和资源共享。

2. 教师专业知识更新难题

挑战：随着旅游业的发展，相关技术和行业趋势日新月异，教师需要不断更新自己的专业知识，以保持与行业发展同步。

对策：院校可以设立专门的教师培训机制，鼓励教师参与行业研讨会、实地考察和企业培训。建立行业专家与院校教师的合作渠道，促进实践经验和学科知识的交流。

3. 学生实践参与度问题

挑战：一些学生可能缺乏主动参与实践的积极性，导致实践效果不佳。

对策：通过设立实践项目的奖励机制，激发学生的参与热情。引入导师制度，由经验丰富的导师指导学生实践，为学生提供支持，帮助学生更好地理解实际问题。

4. 行业认可度不足问题

挑战：一些企业可能对院校的实践培养效果持怀疑态度，担心学生在校期间获得的实践经验不足以适应职业需求。

对策：院校应积极与行业建立紧密联系，制订合作协议，确保学生在实践过程中能够接触到真实的行业问题。邀请行业专业人士参与课程设计和评估，增加实践项目的行业认可度。

三、高职旅游探索实践性课程的设计与实施

高职旅游教育的学生在实践中培养综合素养是其职业成功的关键。为了更好地适应旅游行业的发展，实践性课程的设计与实施变得尤为关键。

（一）实践性课程设计原则

1. 行业导向

实践性课程应紧密贴合旅游行业的实际需求，以行业导向为原则，结合行业最新的发展趋势和技术创新，确保学生获得的知识和技能在实际工作中能够得到应用。

2. 问题驱动

课程设计应以问题为导向，通过引导学生解决实际问题来促进他们的实践能力。真实的问题情境能够激发学生的学习兴趣，培养他们分析和解决问题的能力。

3. 跨学科融合

在课程设计中，跨学科融合是关键的原则。旅游行业涉及地理、文化、经济、管理等多个学科领域，因此课程设计应该整合这些学科，使学生能够全面理解和应对复杂的实际问题。

4. 实践与理论相结合

实践性课程不应脱离理论，而是应该与相关理论知识相结合。通过理论知识的引导，使学生能够更深入地理解实际问题的本质，并将理论知识应用到实践中。

（二）实践性课程设计与实施方法

1. 项目式学习

项目式学习是一种基于实际项目的学习方式，能够培养学生的实际操作能力和团队协作精神。学生通过参与实际项目，完成项目任务，达到学习目标。

2. 实地考察与实习

安排学生进行实地考察和实习是实践性课程的有效方式。实地考察能够让学生直接接触实际工作场景，实习则使学生能够将理论知识应用到实际中，并培养学生实际操作的技能。

3. 案例分析

通过真实案例的分析，学生可以学到解决问题的方法和技巧。教师可以引导学生分析案例，讨论实际问题，培养其解决实际问题的能力。

4. 模拟实验

模拟实验是一种在虚拟环境中进行实际操作的方式。通过模拟实验，学生能够在不同情境中进行实际操作，提高其应对不同问题的能力。

（三）面临的挑战与解决策略

1. 资源限制

挑战：实践性课程通常需要更多的人力、物力和财力资源，但院校可能缺乏足够的资源。

对策：与行业企业建立紧密联系，争取行业资源支持。同时，采用虚拟实验、在线实践等方式，节省物理资源。

2. 教师培训与水平不一

挑战：教师在实践性课程设计与实施方面水平不一，部分教师可能缺乏相关的技能。

对策：建立专门的培训机制，提供实践性课程设计与实施的培训课程。鼓励教师参与实际项目，提高其实践经验，以形成更好的教学实践。

3. 课程实施难度

挑战：实践性课程实施过程中可能面临组织难题，例如项目管理、学生团队协作等问题。

对策：建立科学的课程管理体系，包括明确的项目计划、合理的学生团队分工、有效的沟通机制等。引入项目管理工具，提高实践性课程的组织效率。

4. 评估与考核难题

挑战：实践性课程的评估难度较大，如何客观评价学生的实际操作能力是一个亟待解决的问题。

对策：建立多元化的评估体系，包括项目报告、实习报告、个人总结、同行评价等。通过这些方式，全面了解学生在实践中的表现，更客观地评估学生的实际操作能力。

第四节　虚拟仿真技术在旅游教育中的应用

一、虚拟仿真技术对高职旅游教育的优势

随着社会的不断发展和科技的不断进步，教育方式也在不断地更新和改革。虚拟仿真技术作为一种新兴的教育手段，逐渐在高职旅游教育中得到广泛应用。虚拟仿真技术通过模拟真实场景，为学生提供更加身临其境的学习体验，不仅可以增强学生的实际操作能力，还可以提高他们的学科理论水平。

（一）提升学习体验

1. 虚拟仿真技术的定义与特点

虚拟仿真技术是一种通过计算机技术模拟真实场景的方法，使用户可以沉浸在虚拟的环境中进行学习和实践。这种技术通常包括虚拟现实（VR）、增强现实（AR）、混合现实（MR）等多种形式。虚拟仿真技术的特点在于能够模拟真实场景，为学生提供一种近乎真实的体验，从而增强学习的效果。

2. 提高学科实践操作能力

在高职旅游教育中，实际操作是培养学生实际能力的重要手段。通过虚拟仿真技术，学生可以在虚拟环境中进行实际操作，模拟真实的旅游业务场景，例如旅游服务、导游解说等。这种模拟操作不仅可以提高学生的实际操作能力，还能够让他们在不同情境中灵活应对，更好地适应实际工作中的挑战。

3. 增强学科理论学习效果

虚拟仿真技术不仅可以提供实际操作的机会，还可以结合学科理论进行教学。在虚拟环境中，学生可以学习和理解旅游业的相关理论知识，同时应用这些知识，从而巩固理论学习成果。这种融合式的学习方式能够更好地帮助学生理解和掌握学科知识，提高他们在实际工作中的综合应用能力。

4. 激发学生学习兴趣

相比传统的教学方式，虚拟仿真技术更加生动有趣。学生可以通过虚拟仿真设备沉浸在一个逼真的场景中，拥有身临其境的体验。这种沉浸感可以激发学生的学习兴趣，让他们更加主动地参与到学科学习中，提高他们学科学习的积极性和主动性。

（二）降低实操风险

1. 安全性的保障

在旅游业等实际操作性强的领域，实操风险是无法避免的问题。通过虚拟仿真技术，学生可以在模拟环境中进行实际操作，而无需担心实际操作中可能发生的风险。这为学生提供了一个相对安全的学习平台，降低了学习过程中的意外风险，使学生能够更加专注地进行学科学习和实践操作。

2. 实践操作的反复练习

在实际操作中，学生可能因为各种原因无法进行足够的实践练习。虚拟仿真技术可以弥补这一不足，通过模拟场景提供实操练习的机会。学生可以在虚拟环境中进行反复的实操练习，不仅提高了实际操作能力，还降低了在实际工作中出现失误的风险可能。

3. 节约成本

传统的实操训练往往需要大量的物资和场地，而且一些实操活动可能因为环境、安全等因素难以进行。虚拟仿真技术能够在虚拟环境中完成实操训练，避免了现实环境中的成本和风险。这不仅能够降低教育培训的经济成本，还能够更加灵活地安排学生的学习计划。

（三）拓宽学科知识广度

1. 模拟多样化场景

虚拟仿真技术可以模拟各种不同的旅游场景，包括不同的地域、气候、文化背景等。通过这种模拟，学生可以在虚拟环境中接触到更多元化的实际情境，拓宽了他们对旅游业的认知。这有助于培养学生对于不同旅游环境下的应对能力，提高他们的综合素质和适应能力。

2. 提供实操模拟

虚拟仿真技术不仅可以模拟各种旅游场景，还能够提供实操模拟，让学生在虚拟环境中体验真实旅游工作中可能遇到的挑战和问题。这种实操模拟有助于学生更好地理解旅游业的实际运作，培养学生在实际工作中解决问题的能力，提高学生的职业素养。

3. 跨学科知识整合

旅游业涉及多个学科领域，包括地理、文化、经济、管理等。虚拟仿真技术可以通过模拟多样的场景，促使学生将不同学科的知识进行整合。例如，在虚拟旅游场景中，学生不仅需要了解导游的知识，还需要了解相关的历史文化、地理环境等知识，从而形成更加综合的学科认知。

4. 提升实际运用能力

通过虚拟仿真技术，学生可以在虚拟环境中进行实际操作，模拟真实的工作场景。这有助于提升学生的实际运用能力，使他们在实际工作中能够更加熟练地运用所学知识。同时，虚拟仿真还能够让学生在错误中学习，提高学生的问题解决能力和应变能力。

（四）培养团队协作能力

1. 团队合作的模拟

在旅游行业中，团队合作是一项重要的能力。虚拟仿真技术可以模拟多人协同合作的场景，让学生在虚拟环境中体验团队协作的重要性。学生可以通过虚拟场景中的任务和活动，锻炼团队合作的能力，提高沟通协调的技能。

2. 面对突发状况的团队协作

虚拟仿真技术可以模拟各种突发状况，如紧急救援、危机处理等。这些场景需要学生迅速做出决策，并与团队成员协作完成任务。通过这样的模拟，可以培养学生在紧急情况下的应变能力，增强学生团队协作的默契度。

3. 促进团队沟通与协调

虚拟仿真技术可以通过模拟多样的情境，促使学生在虚拟环境中进行沟通和协调。学生需要相互交流信息、共同制订计划，并在虚拟场景中协同完成任务。这有助于培养学生的团队沟通和协调能力，提高他们在实际工作中的团队协作水平。

（五）面临的挑战与展望

1. 技术成本与设备投入

虚拟仿真技术的应用需要相应的硬件设备和软件支持，涉及一定的技术成本和设备投入。院校需要投入资金购买虚拟仿真设备，同时还需要培训教师和学生使用这些设备。

2. 软硬件技术的更新与升级

虚拟仿真技术的发展较快，软硬件技术不断更新与升级。院校需要跟进最新技术，进行相应的更新和升级，以保证虚拟仿真设备的稳定运行和教学效果的提升。

3. 教育体制与教学改革

虚拟仿真技术的应用需要配套的教学体制和教学改革。传统的教育模式可能无法完全适应虚拟仿真技术的特点，因此需要在教育体制和教学模式上进行相应的改革。这需要学校和教育管理部门的积极推动和支持。

4.学生接受度和适应性

部分学生可能对虚拟仿真技术不够熟悉，对于虚拟环境中的学习方式存在一定的抵触情绪。因此，在推广应用虚拟仿真技术时，需要考虑学生的接受度和适应性，提供相应的培训和引导，帮助学生更好地适应这种新的学习方式。

虚拟仿真技术作为一种创新的教育手段，在高职旅游教育中具有广阔的应用前景。随着虚拟仿真技术的不断进步和成熟，将会进一步弥补传统教育的不足，为高职旅游教育带来更多的优势。

二、设计与开发虚拟仿真课程

随着科技的飞速发展，虚拟仿真技术在教育领域的应用日益广泛。设计与开发虚拟仿真课程成为教师面临的重要任务之一。

（一）需求分析

1.目标群体确定

明确虚拟仿真课程的目标群体。不同年级、专业或培训需求的学生可能对虚拟仿真课程有不同的期望和要求。通过仔细分析目标群体的特点，可以更好地设置虚拟仿真课程，提高学习的针对性和实效性。

2.学科知识和技能要求

明确虚拟仿真课程所涉及的学科知识和技能要求。高职旅游教育涉及导游服务、旅游规划、旅游管理等多个方面的内容。通过仔细分析学科知识结构，确定课程需要覆盖的主要知识点和实际操作技能，可以为后续的课程内容设计提供依据。

3.技术和设备准备情况

考虑目标群体的技术和设备准备情况。虚拟仿真课程通常需要一定的硬件设备支持，例如虚拟现实头盔、计算机等。应确保学生能够方便地获取和使用这些设备，提高虚拟仿真课程的可达性。

4.学习目标和评估标准

明确虚拟仿真课程的学习目标和评估标准。学习目标需要明确反映学生应该达到的知识水平和技能水平，评估标准则用于衡量学生是否达到了这些目标。这有助于设计合适的虚拟场景和任务，以促使学生达到预期的学习效果。

（二）内容设计

1. 虚拟场景设计

基于需求分析的结果，模拟真实的旅游业务场景。例如，可以模拟导游服务中的实际解说过程、旅游规划中的线路设计等。虚拟场景的设计应该具有足够的真实感，让学生在其中能够体验到实际操作的情境。

2. 任务与案例设计

为虚拟场景设计相关的任务和案例。任务和案例应该与学习目标紧密相连，使学生在完成任务的过程中能够达到预期的学科知识和实际操作技能。任务设计应该具有一定的难度，既要激发学生的学习兴趣，又要保证学习的挑战性。

3. 交互设计

考虑虚拟仿真课程的交互设计。通过设计合理的用户界面、操作方式和反馈机制，提高学生在虚拟环境中的参与感和沉浸感。交互设计应该简洁明了，使学生能够轻松理解和应用虚拟场景中的内容。

4. 多媒体素材整合

整合多媒体素材，如图像、音频、视频等，丰富虚拟仿真课程的内容。多媒体素材有助于提高学生对于学科知识和实际场景的感知，增加学习的趣味性和直观性。

（三）技术选择

1. 虚拟仿真平台选择

选择适合虚拟仿真课程的平台。常见的虚拟仿真平台包括 Unity、Unreal Engine 等。选择平台时需要考虑其适用范围、易用性、兼容性以及学生所需硬件设备的支持情况。

2. 虚拟现实设备选择

考虑虚拟现实设备的选择。根据学生的技术准备情况和学科特点，选择适合的虚拟现实头盔、手柄等设备。确保这些设备能够在院校的环境中得以良好的支持和维护。

3. 数据库和后端技术

虚拟仿真课程通常需要存储大量的学生数据、场景数据等。选择合适的数据库和后端技术，确保虚拟仿真系统的稳定性和数据的高效管理。考虑使用云服务以提高数据的可访问性。

4. 移动端支持

虚拟仿真课程是否需要在移动端上进行学习也是一个重要考虑因素。如果需要，确保虚拟仿真平台能够支持移动端设备，例如平板电脑或智能手机，提供更灵活的学习方式。

5. 技术支持与维护计划

设计一个完善的技术支持与维护计划，确保虚拟仿真课程在使用过程中能够保持稳定运行。这包括定期的系统更新、故障排除、用户技术培训等，以提高整个虚拟仿真系统的可维护性和可用性。

（四）评估与反馈

1. 学习成果评估

制订清晰的学习成果评估体系。通过定期的测验、作业、项目等方式，评估学生在虚拟仿真课程中的学科知识掌握程度和实际操作能力。同时，确保评估方式与虚拟仿真课程的学习目标相一致。

2. 用户体验反馈

收集学生的用户体验反馈。定期进行问卷调查、小组讨论等方式，了解学生对于虚拟仿真课程的感受，包括交互体验、内容设计、技术支持等方面。通过反馈改进虚拟仿真课程，提高学生满意度。

3. 教学效果评估

进行教学效果评估。通过对学生在虚拟仿真课程学习后的实际表现进行观察和分析，评估虚拟仿真课程对于学科知识和实际操作技能的培养效果。根据评估结果进行课程的调整和优化。

4. 持续改进计划

建立持续改进计划。将学生的反馈、评估结果以及教学经验作为持续改进的依据，及时调整虚拟仿真课程的内容、技术和教学策略，保持课程的时效性和适应性。

（五）实施与推广

1. 教师培训与支持

为教师提供培训与支持。教师在虚拟仿真课程的设计和使用中起到关键作用，因此需要为其提供相关培训，使其能够熟练操作虚拟仿真平台、理解课程设计理念，并能够有效指导学生进行学习。

2. 学生培训与导入

为学生提供培训与导入。在虚拟仿真课程开始之前，为学生提供有关虚拟环境的培训，包括设备的使用方法、虚拟场景的操作流程等，确保学生能够顺利进入虚拟学习状态。

3. 逐步推广

逐步推广虚拟仿真课程。可以从一个班级或一个学期开始，逐步扩大范围。在推广过程中不断收集用户反馈、评估数据，以便及时调整和改进虚拟仿真课程。

4. 资源整合与合作

整合各类资源并与相关机构合作。通过与旅游企业、景区等合作，获取真实的场景数据和专业资源，使虚拟仿真课程更加贴近实际工作环境，提高学生的实际操作能力。

（六）风险管理与问题解决

1. 风险识别与预防

在设计与开发虚拟仿真课程的过程中，及时识别潜在风险，并制订相应的预防和应对计划。可能的风险包括技术设备故障、学生适应问题、师资力量不足等。建立完善的风险管理机制，确保课程的稳定推进。

2. 学生支持与引导

为学生提供充分的支持与引导。在虚拟仿真学习过程中，学生可能面临技术问题、学科问题等挑战。建立学生支持团队，为学生提供及时的技术支持和学科指导，解决学习过程中的困扰。

3. 持续监控与改进

建立持续监控机制，及时发现问题并进行改进。通过监控学生学习情况、收集用户反馈、分析评估数据等手段，不断优化虚拟仿真课程，确保其在实施过程中能够不断提升。

设计与开发虚拟仿真课程是一项综合性的工作，需要全面考虑学科知识、技术支持、用户体验等多方面因素。在这个过程中，需求分析是关键的一步，能够为后续的课程设计提供清晰的指导。同时，技术的选择、评估与反馈、实施与推广等方面的工作也至关重要。通过科学合理的设计与开发，虚拟仿真课程将能更好地服务于高职旅游教育，提升学生的实际操作能力和综合素质。

三、虚拟仿真在实际教学中的应用与效果评估

虚拟仿真技术作为一种创新的教育手段，在实际教学中展现出了巨大的潜力。它通过模拟真实场景，为学生提供沉浸式的学习体验，尤其在高职旅游教育等实践性强的专业中具有显著的优势。

（一）虚拟仿真在实际教学中的应用

1. 虚拟实景模拟

虚拟仿真技术通过模拟真实场景，为学生提供身临其境的学习体验。在高职旅游教育中，可以模拟景区、酒店、导游服务等场景，使学生在虚拟环境中体验真实的旅游业务，提高其实际操作能力。

2. 实操模拟与应用

虚拟仿真技术能够提供实操模拟，让学生在虚拟环境中体验真实工作中可能遇到的挑战和问题。在高职旅游教育中，可以通过模拟紧急救援、旅游规划等实际场景，培养学生在实际工作中解决问题的能力和应变能力。

3. 虚拟导游服务

虚拟仿真技术可以模拟导游服务的实际操作，包括讲解历史文化、引导游客等。学生可以在虚拟环境中进行模拟导游服务，提高自身口才表达能力和与游客沟通的技巧。

4. 跨学科知识整合

虚拟仿真技术有助于跨学科知识的整合。在高职旅游教育中，涉及地理、文化、经济、管理等多个学科领域，通过虚拟仿真，可以促使学生将不同学科的知识进行整合，形成更加全面的学科认知。

5. 团队协作模拟

虚拟仿真技术可以模拟团队协作的场景，培养学生在团队中协调沟通的能力。在旅游行业中，团队协作是一项重要的技能，通过虚拟仿真，学生可以在模拟的情境中体验团队合作，提高团队协作的效率和默契度。

（二）虚拟仿真效果评估的方法与手段

1. 学业成绩评估

学业成绩评估是评估虚拟仿真效果的重要指标之一。通过学生在虚拟仿真课程中的成绩，包括测验、作业、项目等，评估他们对于学科知识和实际操作技能的掌握程度。这可以通过定期的考试和项目评估来完成。

2. 专业技能测试

对于高职旅游教育，学生的专业技能是至关重要的。通过专业技能测试，可以评估学生在虚拟情境中实际操作的能力。例如，模拟导游服务、旅游规划等专业技能的测试，可以更直观地反映学生的实际水平。

3. 用户体验调查

学生的学习体验对于虚拟仿真效果有着直接的影响。通过用户体验调查，收集学生对于虚拟仿真课程的感受和建议，包括虚拟情境的真实感、交互体验、内容设计等方面的评价，以改进虚拟仿真的用户体验。

4. 问题解决能力评估

虚拟仿真技术在模拟实际场景中，常常涉及学生面临各种问题的解决能力。通过评估学生在虚拟情境中面对问题时的反应和解决方法，可以了解其在实际工作中的应变能力和问题解决水平。

5. 持续改进和迭代

在评估虚拟仿真效果的过程中，持续改进和迭代是非常重要的环节。通过分析学生的学习表现、用户体验、问题解决能力等方面的数据，及时调整虚拟仿真课程的内容、技术和教学策略，不断提高课程的适应性和有效性。

（三）虚拟仿真在实际教学中的优势

1. 提供实际场景模拟

虚拟仿真技术可以模拟真实的场景，为学生提供更为直观、实际的学习体验。在高职旅游教育中，通过虚拟仿真，学生可以在模拟的景区、酒店等场景中进行实际操作，积累实际工作经验，培养实际操作的能力。

2. 提高学生参与度

虚拟仿真技术创造了沉浸式的学习情境，使学生更加投入学习。通过身临其境的虚拟场景，学生能够更好地理解和应用学科知识，激发学习兴趣，提高学习的积极性和主动性。

3. 安全性与可控性

在旅游教育中，一些实际操作可能涉及一定的安全风险，例如紧急救援、导游服务等。虚拟仿真提供了一个安全的学习环境，学生可以在虚拟场景中体验这些操作，避免潜在的安全风险，同时具备较强的可控性，方便教师进行指导和管理。

4. 个性化学习

虚拟仿真技术允许根据学生的个体差异进行定制化的学习体验。通过分析学生在虚拟情境中的表现，系统可以根据其学科水平、学习方式和兴趣特点，提供个性化的学习内容和任务，更好地满足学生的学习需求。

5. 跨学科整合

旅游教育通常涉及多学科知识，虚拟仿真技术有助于整合这些知识。通过在虚拟情境中设置多学科综合任务，促使学生跨学科思考和学习，培养综合素质，提高应对复杂问题的能力。

6. 提高实际操作技能

虚拟仿真不仅提供了理论知识的学习，更重要的是能够在虚拟情境中进行实际操作。学生通过模拟实际工作中的任务，如导游服务、旅游规划等，能够更好地掌握实际操作技能，为毕业后的职业发展打下坚实基础。

7. 拓展学科视野

虚拟仿真技术可以创造出各种场景，包括不同地域、文化和业务模式的场景。通过在虚拟情境中体验不同的旅游场景，学生能够拓展自己的学科视野，了解行业的多样性和复杂性，为未来职业发展做好准备。

（四）虚拟仿真应用中的挑战与对策

1. 技术设备成本

虚拟仿真技术通常需要一定的硬件设备支持，如虚拟现实头盔、计算机等。设备的成本可能是一项挑战，特别是对于一些资源有限的高职院校。因此院校可以与相关企业或机构合作，共享设备资源，或者利用云服务提供平台，减轻自身的负担。

2. 师资力量和培训

虚拟仿真课程的设计和教学需要具备一定的技术和专业知识。但一些院校的师资力量可能存在短缺。因此院校可以引进专业人才、开展师资培训，提高教师对虚拟仿真技术的理解和应用水平。

3. 内容更新和维护

虚拟仿真课程的内容需要保持时效性，随着行业的发展不断更新。维护虚拟仿真系统需要投入人力和时间。因此院校可以建立一个内容更新和维护团队，定期跟进行业发展，更新虚拟情境中的场景和任务。

4. 学生适应问题

一些学生可能对虚拟学习情境不太适应，或者存在技术使用问题。院校可以提供学生培训，帮助学生熟悉虚拟环境的操作方式，同时建立学生支持团队，及时解决学生在学习过程中遇到的问题。

5. 评估标准的确定

虚拟仿真课程的效果评估需要明确的评估标准。院校可以在课程设计阶段就明确学习目标和评估标准，以确保评估的客观性和有效性。同时，根据实际效果不断调整评估标准，提高其灵活性和适应性。

（五）未来发展趋势

1. 融合人工智能技术

未来，虚拟仿真技术有望与人工智能技术更为深度融合。通过引入智能化的导学系统，根据学生的学习表现和个性化需求，可以提供更精准的学习路径和任务，实现更个性化的虚拟学习体验。

2. 发展移动端应用

未来，随着移动设备的普及，虚拟仿真技术有望更多地应用于移动端。开发适用于平板电脑和智能手机的虚拟仿真应用，使学生能够随时随地进行学习。这将提高虚拟仿真技术的可访问性，让更多学生受益于这一创新教育手段。

3. 拓展行业合作与实践

未来，虚拟仿真技术有望与旅游行业更为紧密地合作。通过与旅游企业、景区等合作，获取真实的场景数据和专业资源，使虚拟仿真课程更加贴近实际工作环境。这将为学生提供更为真实和实用的学习体验，增强其职业竞争力。

4. 多模态交互技术

未来，虚拟仿真技术可能会引入更多的多模态交互技术，如语音识别、手势控制等。这将丰富学生在虚拟环境中的交互方式，提高沟通效果，使学生更加自由自在地参与虚拟学习过程。

5. 深度个性化学习

未来，虚拟仿真技术有望进一步实现深度个性化学习。通过结合学生的学科水平、学科偏好、学习习惯等多方面因素，为每位学生提供个性化的虚拟学习路径和任务，可以更好地满足其个性化的学习需求。

6. 虚拟现实与增强现实的融合

虚拟现实（VR）和增强现实（AR）技术的不断发展，为虚拟仿真技术带来了更多可能性。未来，可能会看到虚拟仿真技术与VR、AR技术的融合，实现更为真实和立体的学习体验。例如，学生可以通过VR头盔进入虚拟场景，同时通过AR技术在真实环境中进行互动。

7. 数据分析与个性化反馈

未来，虚拟仿真技术将更加注重数据分析和个性化反馈。通过对学生在虚拟学习环境中的行为和表现进行数据分析，系统可以为每位学生提供针对性的反馈和建议，帮助其更好地改进学习方法，提高学习效果。

虚拟仿真技术在高职旅游教育中的应用已经取得了显著的成就，为学生提供了更为实际、沉浸式的学习体验。通过评估虚拟仿真效果的多种方法和手段，可以更全面地了解学生在虚拟学习环境中的表现，为教学改进和优化提供有力支持。随着技术的不断发展和创新，虚拟仿真技术在未来将更加深入地融入教育领域，为学生提供更为个性化、多样化的学习体验，促进其全面素质的提升。

第三章　高职旅游实践教学模式创新

第一节　高职旅游实训基地建设与运营管理

一、实训基地的选址与规划

实训基地作为高职旅游教育中重要的实践教学环节，对于学生职业能力的培养具有至关重要的作用。实训基地的选址与规划直接关系到实践教学的效果和学生的实际能力提升。

（一）实训基地选址的考虑因素

1. 行业相关性

实训基地的选址首先应考虑与所属行业的相关性。选址的行业相关性决定了学生在实训中能够接触真实的职业场景，更好地融入实际工作环境。例如，在旅游专业中，可以选择靠近热门旅游景区或者旅游企业集聚区的地段，以确保学生能够接触真实的旅游服务场景。

2. 交通便利性

实训基地的交通便利性是一个重要的考虑因素。选址应当考虑到学生、教师及相关人员的出行便捷，这有助于提高实训的参与度。同时，良好的交通条件也能吸引更多企业与学校合作，促进产学合作的深度发展。

3. 区域经济环境

实训基地的选址还应关注所在区域的经济环境。选择经济繁荣、产业发达的区域，有利于学生在实训中更好地融入当地的经济发展，了解行业最新动态，增加就业竞争力。

4.安全与环境因素

实训基地的选址必须考虑安全与环境因素。确保实训场地的周边环境安全，避免交通拥堵、治安问题等影响实训的不利因素。同时，考虑基地周边的环境是否有助于学生专注学习，是否符合实训的专业要求。

5.设施与资源

实训基地选址时需充分考虑基地周边的设施与资源。例如，选择地理位置靠近旅游行业相关企业、实验室设备供应商等，有利于未来实训基地的设备采购、资源共享等方面的合作。

6.未来发展空间

实训基地选址时需考虑未来的发展空间。随着高职旅游教育的发展和专业需求的变化，实训基地可能需要进行扩建或者调整。因此，选址时应预留足够的未来发展空间，以适应教育发展的需要。

（二）实训基地规划的步骤与要点

1.需求分析

在进行实训基地规划之前，需要进行详细的需求分析。了解专业培养目标、课程设置、学生实际需求等方面的信息，明确实训基地的规模、功能、设施等需求。

2.制订规划方案

根据需求分析的结果，制订实训基地的规划方案。规划方案应包括基地的总体布局、功能区划、设施配置等内容。在规划中应充分考虑未来的扩建和升级需求，确保规划具有可持续性。

3.设施规划

实训基地的设施规划是规划中的一个关键环节。根据实训需求，明确各个功能区的设施需求，包括实验室、模拟场景、办公区、学习空间等。设施规划要充分考虑设备先进性、实用性和可维护性。

4.空间布局设计

实训基地的空间布局设计直接影响学生在实训中的流程和体验。合理设计各个功能区的空间布局，确保学生能够顺畅地进行实践操作，并且能够有良好的交流合作环境。

5. 确定预算与资金计划

在规划的过程中，需要明确实训基地的预算与资金计划。包括设施采购、场地租赁、人员培训等方面的费用。制订合理的资金计划，确保实训基地的建设能够顺利进行。

6. 制订时间计划

制订实训基地建设的时间计划，明确各个阶段的工作重点和时间节点。合理的时间计划有助于提高建设效率，确保实训基地能够按时投入使用。

7. 立项与审批

完成规划方案后，需要进行立项与审批。向院校领导层提出实训基地建设的立项申请，并经过相关审批程序，确保基地建设得到正式支持和认可。

（三）实训基地规划的重点要点

1. 强化实践性与实用性

实训基地的规划应强调实践性与实用性。在设施规划中，要确保各个实训区域能够模拟真实的工作场景，提供充足的实践机会。设备和工具的选择要符合行业标准，确保学生在实训中能够接触和掌握实际应用的技能。

2. 创设多样化的实训场景

实训基地规划应考虑到专业涉及的多样化场景，创设不同类型的实训场景。例如，在旅游专业实训基地中，可以设置模拟景区、酒店、导游服务、紧急救援等不同场景，以全面培养学生的实际操作能力。

3. 考虑信息化与数字化

随着科技的发展，实训基地的规划也应考虑信息化与数字化。引入先进的信息技术，如虚拟仿真、智能化设备等，提高实训的技术含量。数字化手段可以增强学生对实际操作的认知，提高学习的趣味性和互动性。

4. 考虑可持续发展

实训基地规划要考虑可持续发展，确保基地在长期内仍然符合教学和行业的要求。因此，规划应考虑设备的更新换代、维护保养等，以延长实训基地的使用寿命。

5. 提供辅助设施与服务

实训基地规划还需考虑提供相关的辅助设施与服务，如学习资源中心、实训辅导员、设备维护人员等。这些辅助设施和服务可以给学生提供更全面的学习支持，确保实训活动的顺利进行。

6. 强调安全管理

安全管理是实训基地规划的重要方面。在规划过程中，要充分考虑实训活动可能涉及的安全风险，并采取相应的防范措施。例如，在规划实训场地时，要确保设施符合安全标准，制订明确的安全操作规程，培养学生的安全意识。

7. 与企业合作

实训基地规划应积极寻求与企业的合作。与行业相关的企业合作可以为实训基地提供实际工作场景和专业指导。与企业的合作还有助于学生在实训中更好地了解行业需求，提高就业竞争力。

（四）实训基地规划的挑战与对策

1. 资金限制

实训基地规划面临的一个主要挑战是资金限制。建设实训基地需要投入大量的经费，包括设备购置、场地租赁、人员培训等方面的费用。可以通过与企业合作、争取政府支持、寻求社会资助等途径来获取更多资金。

2. 场地选择困难

在一些城市，特别是大城市，场地的选择可能会面临困难。土地成本高昂，寻找适合规模的场地可能会增加规划的难度。可以与当地政府合作、寻找合适的土地资源、探索合作共建的模式等。

3. 行业快速变化

一些行业的快速发展和变化可能使实训基地规划面临更新换代的压力。例如，技术行业的更新速度较快，设备和软件需要定期更新。需要考虑如何在变化中保持基地的实用性和先进性，可以通过建立长期合作机制、引入灵活的更新机制等方式来应对。

4. 教育模式变革

教育模式的变革也是一个挑战。随着在线教育、远程教学等模式的兴起，传统的实训基地规划可能需要更多地融入新型教育技术和手段。可以引入先进的教育技术，设计更具灵活性和适应性的规划方案，以适应教育模式的变化。

5. 人才培训与管理

实训基地的规划需要考虑人才培训与管理。一些教师可能需要接受新的技能培训，以适应新的实训环境。此外，实训基地的管理团队也需要具备一定的行业背景和管理经验。可以通过定期培训和引进有经验的管理人员来提高人才水平。

（五）未来发展趋势

1. 融合虚拟仿真技术

未来，实训基地的规划可能会更多地融合虚拟仿真技术。通过引入虚拟仿真技术，实训基地可以打破地域限制，提供更多样化、创新性的实践场景。虚拟仿真技术可以使学生在安全、可控的环境中进行实践，同时降低实训成本，提高资源利用效率。

2. 强调跨学科整合

未来，实训基地规划可能更加强调跨学科整合。不同专业的学生可以在实训基地中进行合作与交流，模拟真实工作场景中的跨职能协同工作。这有助于培养学生的综合能力，提高他们在跨学科团队中的适应性。

3. 智能化设备与人机协同

未来，随着智能化技术的不断发展，实训基地规划可能会引入更多的智能化设备，实现人机协同。例如，机器人、物联网技术等可以与学生进行互动，增加实训的趣味性和真实感。智能化设备的引入还可以提高实训效果，加强实际操作的模拟程度。

4. 强化企业合作与实践导向

未来，实训基地规划将更加强调与企业的合作与实践导向。与企业的深度合作可以为实训基地提供更真实、贴近实际工作需求的场景。实训基地规划需要加强对实际职业技能的培养，更好地满足行业对人才的需求。

5. 引入可持续发展理念

未来，实训基地规划需要更加注重可持续发展理念。在建设和运营过程中，需要考虑节能、环保、资源合理利用等方面的问题。应采用更加环保的材料和技术，建设更具可持续性的实训基地。

6. 推动国际化合作

未来，实训基地规划应更多地推动国际化合作。与国际高校、企业进行合作，引入国际先进的实训理念和技术，为学生提供更广阔的学习平台。国际化合作还有助于学生更好地了解国际行业发展趋势，提高国际竞争力。

7. 强调学生参与与反馈

未来，实训基地规划应更加强调学生参与与反馈。学生的意见和建议将更多地被纳入规划过程，以确保实训基地的设计更符合实际需求。强调学生参与还可以激发学生对实训的积极性和主动性。

实训基地的选址与规划是高职教育中关键的一环，直接关系到学生实际能力的培养和未来职业发展。在规划中需要综合考虑行业需求、学生需求、社会需求等多方面因素，通过科学合理的规划，使实训基地成为学生实际操作与实践的理想场所。随着技术的不断发展和教育理念的更新，实训基地规划也将不断适应行业新的趋势和要求，为学生提供更优质的实践学习体验。

二、实训基地设备与设施的配置

实训基地设备与设施的配置是高职教育中实践教学的重要组成部分，直接关系到学生在实际操作中的学习效果和职业能力培养。为了提供更真实、全面的实践体验，实训基地的配置需要充分考虑专业特点、行业需求以及未来发展趋势。

（一）实训基地设备与设施配置的原则

1. 专业相关性原则

实训基地设备与设施的配置应与所属专业紧密相关，确保能够模拟真实的职业环境。配置的设备和设施应该能够涵盖专业课程中的主要知识和实际操作技能，以满足学生综合素质的培养需求。

2. 先进性与实用性原则

设备与设施的配置应具备一定的先进性和实用性。采用最新的技术和设备有助于提高实训的水平，使学生能够跟上行业的最新发展。同时，配置的设备要符合实际工作中的常用标准，确保学生毕业后能够顺利投入职场。

3. 安全性与可控性原则

安全性与可控性是设备与设施配置的重要原则。在实践教学中，学生可能会接触到一些潜在的危险，因此设备的设计应考虑到安全操作，并且实训基地需要具备相应的安全设施，确保学生在实践操作中的安全。同时，设备的可控性也有助于教学管理和师生互动。

4.多样性与综合性原则

实训基地设备与设施的配置要具有多样性，能够涵盖专业领域的多个方面。这有助于学生接触到更广泛的知识和技能，培养综合素质。多样性的配置还可以适应不同类型学生的需求，提高实践教学的适应性。

5.可维护性与持续更新原则

配置的设备应具备一定的可维护性，确保设备能够长时间稳定运行。同时，实训基地的设备配置应考虑到技术的不断发展，预留更新换代的空间，以保持配置的先进性和实用性。

（二）常见实训基地设备与设施配置

1.旅游专业实训基地配置

在旅游专业实训基地的配置中，常见的设备与设施包括：

（1）模拟景区。配置模拟景区是旅游专业实训基地的重要组成部分。通过模拟景区，学生可以接触到真实的旅游服务环境，学习导游服务、旅游规划、景区管理等相关技能。模拟景区需要包括景点模型、导游解说系统、导览图等。

（2）模拟旅行社办公室。配置模拟旅行社办公室是为学生提供模拟实际工作环境的场所。配置电脑、电话、预订系统等设备，让学生能够进行旅游线路设计、客户咨询与预订等操作，锻炼他们的实际操作技能。

（3）模拟酒店前厅与客房。配置模拟酒店前厅和客房，让学生模拟酒店服务过程，包括接待客人、办理入住手续、客房清理等。这有助于培养学生的服务意识和沟通能力。

（4）模拟交通工具。配置模拟交通工具，如飞机、巴士等，用于模拟旅游交通服务。学生可以在模拟环境中学习票务操作、乘务服务等技能。

2.信息技术专业实训基地配置

在信息技术专业实训基地的配置中，常见的设备与设施包括：

（1）计算机实验室。配置高性能计算机、网络设备等，用于进行软件开发、网络管理、系统维护等实践操作。实验室应具备足够的座位和工作空间，以满足大量学生同时进行实践操作的需求。计算机实验室中还应配置相关软件和开发工具，以支持学生在实际项目中的开发与测试工作。

（2）服务器室。配置用于模拟实际服务器环境的服务器室，包括服务器机架、网络设备、存储设备等。学生可以在服务器室学习服务器搭建、配置、维护和故障排除等技能，提高在服务器管理方面的实际操作能力。

（3）模拟数据中心。为学生提供模拟数据中心环境，包括大规模服务器架构、云计算平台等。通过这样的模拟，学生可以学习到云计算、大数据处理、虚拟化等先进技术，提高在信息技术领域的综合应用能力。

（4）软件测试实验室。配置用于进行软件测试的实验室，包括测试工具、测试平台等。学生可以在这个实验室中学习软件测试的流程、方法和工具的使用，提高在软件质量保障方面的技能。

（5）创客空间。为学生提供创客空间，配置3D打印机、物联网设备等创新科技工具。学生可以在创客空间中进行项目开发、硬件设计和创新实践，培养创新精神和实际动手能力。

3.护理专业实训基地配置

在护理专业实训基地的配置中，常见的设备与设施包括：

（1）临床实验室。配置模拟临床环境的实验室，包括手术室、产房、病房等。学生可以在这个实验室中进行各类护理操作的实践，包括病患护理、临床技能培训等。

（2）护理模型与模拟人。配置具有逼真生理结构的护理模型和模拟人，用于模拟各类疾病病例。通过对这些模型的操作，学生可以提升在实际临床中的应对能力和技能。

（3）实时监护设备。配置实时监护设备，如心电监护仪、呼吸机等。学生可以通过对这些设备的模拟操作，学习患者的生命体征监测、急救操作等重要护理技能。

（4）医疗器械操作室。配置专门的医疗器械操作室，用于模拟各类医疗器械的使用。学生可以在这个环境中学习医疗器械的正确使用方法，提高在实际工作中的操作熟练度。

（5）模拟病房。模拟病房用于模拟护理过程中的实际场景，包括病患接待、护理评估、病历记录等。学生可以在模拟病房中进行实际操作，提高他们的综合护理能力。

（三）未来发展趋势

1.虚拟仿真技术的应用

未来，实训基地设备与设施配置可能会更多地应用虚拟仿真技术。虚拟仿真技术可以提供更真实的操作体验，同时减少了对实际设备的依赖。例如，在医疗护理领域，虚拟仿真技术可以模拟各种病例和护理场景，为学生提供更多的实践机会。

2. 智能化与物联网技术的整合

未来，随着智能化和物联网技术的发展，实训基地的设备配置可能会更加智能化。智能化设备可以通过传感器实时监测学生操作，提供及时的反馈和指导。物联网技术可以实现设备之间的互联互通，提高设备协同工作的效率。

3. 个性化定制化设备的发展

未来，可能会看到更多个性化、定制化的实训设备的发展。针对不同专业、不同课程的需求，可以定制开发更适用的实训设备。这有助于提高实训的精细化程度，更好地满足学生个性化的学习需求。

4. 增强现实（AR）与虚拟现实（VR）的应用

未来，增强现实（AR）与虚拟现实（VR）技术的应用可能会在实训基地中得到更广泛的应用。AR 技术可以将虚拟信息叠加在真实场景中，提供更直观的学习体验。VR 技术则可以创造出虚拟的三维场景，使学生能够在虚拟环境中进行更为真实的操作。

5. 在线云端实训平台的建设

未来，可能会发展更多在线云端实训平台，使学生可以通过互联网进行远程实践操作。这样的平台可以提供更大的灵活性，使学生能够随时随地进行实训，同时也有利于教育资源的共享和优化。

6. 多学科融合的实训环境

未来，实训基地的设备与设施配置可能更加注重多学科的融合。不同专业的学生可以在同一实训基地中进行交叉学科的实践操作，促进跨学科合作与创新。这有助于培养学生的综合素质，提高他们在跨学科团队中的适应性。

7. 可持续发展的实训设备

未来，在实训设备的配置中，可能更注重可持续发展的理念。采用环保、节能的设备，推动实训基地向绿色、可持续的方向发展。同时，可持续发展也包括设备的更新与升级计划，以保证设备始终保持先进性和实用性。

8. 大数据与人工智能的运用

未来，大数据与人工智能技术的运用可能使实训基地更加智能化。通过对学生操作数据的收集和分析，可以为教师提供更准确的学生评估和个性化的教学指导。人工智能技术也可以在模拟实训过程中提供更智能化的辅助，帮助学生更好地理解和掌握实际操作技能。

（四）挑战与对策

1. 资金限制

实训基地设备与设施配置的挑战之一是资金限制。建设和更新设备需要大量的投资，而有些院校可能面临有限的财政支持。可以通过寻求政府支持、争取校内外资金支持、与企业合作等途径，以获取更多的资金支持。

2. 技术更新换代压力

随着科技的不断发展，实训设备的更新换代压力也较大。一些设备可能会相对较快地过时，需要及时进行更新。可以建立定期的设备更新计划，引入更灵活、易于升级的设备，以应对技术的迅速变化。

3. 教师培训与素养

教师在使用先进的实训设备时，需要具备相应的操作和管理能力。然而，一些教师可能缺乏相关的培训和素养。可以开展定期的教师培训，提高他们对新设备和新技术的熟悉程度，以确保设备能够得到充分利用。

4. 设备维护与管理

实训设备的维护和管理是一个长期的挑战。设备的频繁使用可能导致磨损和故障，而设备的维护需要一定的专业知识。可以建立专业的设备维护团队，定期进行设备检查和维护，确保设备的稳定运行。

5. 安全与隐私问题

在实训设备的使用过程中，涉及学生的实际操作，可能存在一定的安全与隐私问题。可以建立严格的安全操作规程，加强设备的安全性设计，同时加强对学生个人信息的保护，确保设备的使用不会对学生造成安全风险和隐私泄露。

6. 教育理念与课程设计

教育理念和课程设计的更新换代也是一个挑战。一些教师可能在教育理念和课程设计方面相对守旧，不容易接受新的教育理念和教学方法。可以进行师资队伍建设，推动教师更新教育观念，促进更加灵活和创新的课程设计。

实训基地设备与设施的配置是高职教育中实践教学的关键环节。通过合理的设备与设施配置，可以提供学生更真实、全面的实践体验，增强其职业能力。未来，随着技术的不断发展和教育理念的更新，实训基地设备与设施的配置也将不断适应新的趋势和要求，为学生提供更优质的实践学习体验。在面对各种挑战时，学校和教育机构可以通过合作、培训、技术更新等方式，积极应对，不断提升实训基地的设备配置水平，为学生的综合素质培养奠定坚实基础。

三、实训基地运营管理的经验与问题解决

实训基地作为高职教育中的重要组成部分，承担着培养学生实际操作能力的使命。而实训基地的运营管理对于教育质量、师生体验、设备维护等方面都至关重要。

（一）实训基地运营管理的经验

1. 合理规划与布局

一个成功的实训基地应该有合理的规划与布局，确保各个专业领域都得到充分的考虑。规划时需要结合各专业的特点，合理配置不同区域的实训设备，以满足学生在不同专业方向的实践需求。同时，实训基地的布局也应侧重于实际操作流程，使学生能够在模拟环境中更好地掌握实际工作技能。

2. 强化设备更新与维护

实训基地的设备是实践教学的核心，因此，设备的更新与维护至关重要。及时引入先进的技术和设备，保证其与行业发展同步。同时，建立健全设备维护体系，包括定期检查、保养、紧急维修等，以确保设备的长期稳定运行。

3. 建立科学合理的课程体系

实训基地的运营需要有科学合理的课程体系支持。课程体系应根据各专业的要求，合理设置实践操作环节，确保学生在实训基地中能够逐步掌握和应用所学知识。同时，应注重课程的连贯性，使学生能够在不同阶段逐步深化对专业知识和实际技能的理解与掌握。

4. 建设优质师资队伍

实训基地的师资队伍直接关系到教学质量。建设优质的师资队伍需要注重两个方面：专业素养和实践经验。教师应具备丰富的实际工作经验，了解

行业最新动态，并能将理论知识与实际操作相结合，指导学生真实应用所学知识。

5. 强化与企业的合作关系

实训基地与企业的合作是促进学生实际操作技能培养的有效途径。建立紧密的产学合作关系，可以为实训基地提供更真实、贴近实际工作的场景。通过合作项目，学生能够参与到实际项目中，锻炼实际操作技能，同时也能更好地了解企业的需求和行业动态。

6. 注重信息化建设

信息技术在教育管理中扮演着越来越重要的角色，实训基地的运营也不例外。建设信息化管理系统，包括学生信息管理、设备使用记录、实训计划安排等，有助于提高运营的效率和透明度。信息化还可以为学生提供在线资源、虚拟实训等支持，丰富教学手段。

7. 建立有效的学生管理机制

实训基地的学生管理机制需要健全，包括学生的选课、实训计划的安排、实际操作的监督等方面。建立学生档案，跟踪学生的学习情况和实际操作进展，有利于及时发现问题并采取措施解决。

（二）可能出现的问题与解决方案

1. 设备老化和更新问题

问题描述：随着时间的推移，实训基地的设备可能会逐渐老化，导致技术水平滞后，无法满足学生实际操作需求。

解决方案：定期进行设备更新，引入先进的技术和设备。通过与行业企业的合作，获取最新设备，确保实训基地设备的与时俱进。

2. 师资队伍素质不足问题

问题描述：师资队伍的素质直接关系到教学质量，如果教师缺乏实际操作经验或者对行业发展不了解，可能影响学生的实际操作能力培养。

解决方案：建立定期的师资培训计划，提高教师的专业素养和实践经验。同时，鼓励教师参与产学合作项目，亲身体验行业动态，将实际操作经验融入教学中。

3. 课程体系与实际需求脱节问题

问题描述：由于课程设置与实际行业需求脱节，学生在实训基地中学到的知识和技能与实际工作要求不匹配。

解决方案：建立灵活的课程更新机制，定期评估和调整课程体系，确保其与行业发展趋势和实际需求保持一致。引入行业专业人士参与课程设计，借助产学合作的平台，了解最新的技术和工作模式，确保教学内容具有实际应用性。

4. 企业合作不畅问题

问题描述：实训基地与企业合作不畅，导致无法提供符合实际工作要求的实践环境，影响学生的实际操作能力培养。

解决方案：积极寻求与企业的合作机会，建立稳固的产学合作关系。可以通过签署合作协议、派遣教师到企业实习、定期召开合作会议等方式加强与企业的联系。同时，建立合作项目管理机制，确保项目的有效推进和学生的参与。

5. 学生管理不善问题

问题描述：学生管理不善可能导致学生在实训基地的实践操作过程中出现问题，影响教学效果。

解决方案：建立健全学生管理机制，包括学生档案的建立、实训计划的跟踪与管理、实际操作的监督等。设立学生服务中心，提供学生咨询和指导，解决学生在实训过程中的问题。加强与学生的沟通，听取他们的反馈，及时调整和优化实训方案。

6. 信息化建设不足问题

问题描述：信息化建设不足可能导致教学管理效率低下，无法提供足够的支持和资源给学生。

解决方案：加强实训基地的信息化建设，建立完善的教学管理系统。通过网络平台提供在线资源，方便学生随时随地获取学习资料。同时，建立设备使用记录和实训计划的电子化管理，提高运营的效率。

7. 安全管理不善问题

问题描述：实训基地的安全管理不善可能导致学生在实践操作中出现安全事故，对学生的人身安全构成威胁。

解决方案：建立完善的安全管理制度，包括实训设备的安全操作规程、紧急处理流程等。进行安全教育培训，确保学生具备安全操作意识。设立安全巡检制度，定期检查设备和实训场地，及时发现和解决潜在安全隐患。

8.资金管理不善问题

问题描述：资金管理不善可能导致实训基地设备更新滞后、师资培训不足，影响实训质量。

解决方案：建立科学合理的资金管理机制，确保资金的合理分配和利用。争取政府和企业的资金支持，寻求校外合作与赞助。建立设备更新计划，确保设备的及时更新与维护。

实训基地运营管理的经验与问题解决是高职教育中不可忽视的重要议题。通过合理的规划与布局、设备的更新与维护、科学合理的课程体系、优质的师资队伍、与企业合作、信息化建设、学生管理机制、安全管理、资金管理等方面的努力，实训基地可以更好地发挥其在学生实际操作能力培养中的作用。

同时，对于可能出现的问题，建立科学有效的解决方案，是提高实训基地运营管理水平的重要途径。设备老化与更新问题、师资队伍素质不足问题、课程体系与实际需求脱节问题、企业合作不畅问题、学生管理不善问题、信息化建设不足问题、安全管理不善问题、资金管理不善问题等，都需要学校和相关机构及时采取措施，以确保实训基地的高效运营和学生的综合素质培养。实训基地作为高职教育中的重要环节，其良好的运营管理将直接影响学生的职业素质和未来就业竞争力。

第二节　高职旅游校企合作与实习实践

一、校企合作模式的选择与建立

随着社会的发展和产业结构的变化，校企合作成为推动高等教育与产业互动、促进人才培养与市场需求对接的重要途径。校企合作旨在通过院校与企业的深度合作，使教育更贴近实际工作需求，为学生提供更丰富的实践机会，同时也促进企业创新与发展。

（一）校企合作模式的选择

1. 实习与实训合作

实习与实训合作是最为常见的校企合作模式之一。通过为学生提供实习机会，使学生在真实的工作环境中学到实际应用的知识和技能。这种模式通常涉及学生在企业进行一定时间的实习，企业提供实习岗位，院校负责监督和评估学生的实习表现。

2. 项目合作

项目合作是校企合作的另一种模式，通常涉及学校与企业共同开展特定项目。这些项目可以是科研项目、技术开发项目、社会服务项目等。通过项目合作，学生可以参与实际项目，提高解决问题的能力，同时院校和企业也可以共同分享项目成果。

3. 产学研合作

产学研合作是将院校、企业和科研机构进行有机整合的一种校企合作模式。院校通过与企业和科研机构的合作，将理论教育与实际应用相结合。这种模式有助于促进科研成果的转化，提高企业的创新能力，同时也为院校提供更多的科研资源。

4. 人才培养基地

人才培养基地是企业为院校提供实践场所，院校则通过基地为企业输送人才的一种合作模式。学生在基地中进行实训，企业提供实践机会，并有可能招收实习生或毕业生。这种模式有助于提高学生的实际操作技能，同时也为企业培养潜在的员工。

5. 双向培养模式

双向培养模式强调院校与企业在人才培养过程中的相互影响与促进。院校向企业输送优秀学生，企业为院校提供实践机会和教学资源。通过双向培养，可以实现教育资源的共享，使学生更好地适应企业需求，同时也促进企业与院校的深度合作。

6. 职业技能竞赛

职业技能竞赛是一种通过比赛形式促进校企合作的方式。院校组织学生参与职业技能竞赛，企业提供技术支持和评审，通过竞赛展示学生的专业能力。这种模式有助于激发学生的学习兴趣，同时也能为企业发现优秀的人才。

（二）校企合作的建立与实施

1. 建立合作框架与机制

在选择校企合作模式的基础上，建立合作框架与机制是关键的一步。院校和企业应明确合作的目标、范围、责任分工、利益分享等关键要素，制订合作协议或合同，为合作关系提供明确的法律和管理基础。

2. 确定合作领域与方向

明确合作的领域与方向是建立校企合作关系的重要步骤。院校与企业可以共同探讨并确定合作的具体项目、实习方向、研发方向等。合作领域的明确定义有助于双方更好地理解合作的目标，提高合作的效果。

3. 设立联络机构与沟通平台

建立校企合作的有效沟通平台和联络机构是确保合作顺利进行的关键。院校和企业可以设立专门的联络机构或合作办公室，负责合作事务的协调和沟通。建立定期的合作会议和沟通渠道，及时解决合作中的问题。

4. 确保信息的共享与透明

信息的共享与透明是建立校企合作关系的重要基础。双方应确保信息的流通畅通，共享有关项目、实习机会、人才需求等方面的信息。通过信息的共享，可以更好地理解对方的需求，提高合作的效率。

5. 建立师资培训机制

对于涉及教学的校企合作，建立师资培训机制是至关重要的。院校教师可以通过参与企业的实际项目、实地考察企业、参与企业的培训计划等方式，提升实践经验和行业洞察力。同时，企业也可以提供专业的技术培训和工作坊，帮助教师更好地理解行业最新动态，将实际经验融入教学中。

6. 制订双方权责清单

明确双方的权责清单是建立校企合作的关键步骤。在合作协议中明确院校和企业在合作中的权利和责任，包括合作目标的实现、项目的推进、信息的共享、成果的分配等方面。通过清晰的权责划分，可以避免合作中的不确定性和纠纷。

7. 确保合作的可持续性

校企合作不应仅是一次性的项目，更应追求可持续性的合作关系。双方应共同规划合作的发展方向,建立长期稳定的合作机制。通过定期的合作评估、反馈机制,不断优化合作模式,确保合作的可持续性和双赢局面。

8. 建立知识产权保护机制

在校企合作中,可能涉及知识产权的共享和保护问题。院校和企业在合作前应明确知识产权的归属和使用规则,并建立相应的保护机制。确保合作项目中涉及的知识产权得到充分的保护,防止发生知识产权纠纷。

(三)可能面临的挑战与应对策略

1. 利益分配不均衡

挑战描述:在校企合作中,可能会面临由于合作成果带来的经济利益分配不均衡的问题,导致合作关系破裂。

应对策略:在合作协议中明确经济利益的分配规则,建立公正的分成机制。双方可以通过谈判,充分沟通各自的期望和贡献,确定合理的分成比例,确保合作关系的平衡和可持续性。

2. 沟通不畅导致误解

挑战描述:校企合作中,由于信息沟通不畅,容易导致双方产生误解,影响合作的推进和效果。

应对策略:建立定期的沟通机制,包括双方代表的会议、项目进展报告、信息交流平台等。加强沟通,及时解决双方的疑虑和问题,确保信息的透明和及时传递。

3. 企业对学生实际能力不满意

挑战描述:企业可能对从院校毕业的学生的实际能力不满意,认为其缺乏实际操作经验和解决问题的能力。

应对策略:院校可以通过与企业更加紧密的合作,了解企业对学生的实际要求,调整教学计划,加强实践环节,提高学生的实际操作能力。同时,建立学生实习评估机制,获取企业对学生实际表现的反馈,及时调整培养方案。

4. 知识产权纠纷

挑战描述:在校企合作中,可能因合作项目涉及知识产权问题,导致知识产权纠纷,影响合作的正常进行。

应对策略:在合作协议中明确知识产权的归属和使用规则,确保合作项目中涉及的知识产权得到充分保护。双方可以建立专门的知识产权保护机制，定期进行知识产权审核和管理。

5. 企业与学校文化差异

挑战描述：企业和院校有着不同的文化和管理方式，可能导致合作时的理念不一致，影响合作的顺利进行。

应对策略：双方应在合作前进行充分沟通，了解对方的文化和管理方式。建立尊重和理解的合作氛围，通过合作中的共同努力，逐渐融合和调整文化差异，实现合作的协同效应。

6. 法律法规风险

挑战描述：校企合作可能涉及一系列法律法规的遵守问题，一旦合作中存在不合规的行为，可能面临法律风险。

应对策略：在合作协议中明确各项合作的法律法规遵守要求，确保双方都在法律框架内合作。建议双方寻求法律专业人士的意见，制订合规的合作计划，防范潜在的法律风险。

校企合作是推动高等教育与产业互动的有效途径，通过合作，院校能够更好地了解产业需求，企业也能够获取更加符合实际工作需求的人才。选择合适的校企合作模式，建立合作框架与机制，确保双方权责明确，以及及时应对可能出现的挑战，都是成功开展校企合作的关键因素。

二、实习实践计划的制订与实施

实习实践是高职教育中不可或缺的一部分，通过实践，学生能够将在课堂上获得的理论知识转化为实际操作能力，增强就业竞争力。实习实践计划的制订与实施是确保学生实际操作技能培养的关键环节。

（一）实习实践计划的制订原则

1. 紧密结合专业培养目标

实习实践计划的制订应当紧密结合专业培养目标，确保实践内容与专业要求相匹配。不同专业可能有不同的实践重点，因此计划需要根据专业特点进行个性化设计，使学生在实践中更好地掌握专业知识和技能。

2. 高度透明与明确

实习实践计划应当具有高度透明性和明确性，学生、教师和企业导师都应清晰了解实践的目标、内容、时间安排等信息。明确的计划有助于提高实践的效果，避免因为信息不透明而产生的误解和不满。

3. 联系实际职业需求

实习实践计划应当与实际职业需求密切相关，能够使学生在实践中接触最新的行业发展动态和实际工作场景。通过了解实际职业需求，院校可以及时调整实践计划，确保学生毕业后更好地适应职业发展。

4. 有针对性的提高学生综合素质

实习实践计划不仅要注重专业知识和技能的培养，还应关注学生的综合素质提升。计划中可以包括一些软技能的培训，如沟通能力、团队协作能力、问题解决能力等，使学生在实践中更全面地发展自己。

5. 灵活性和可调整性

实习实践计划应具备一定的灵活性和可调整性，以应对外部环境的变化和学生个体差异。在计划中预留一些弹性空间，使在实践过程中能够灵活调整，更好地满足学生和企业的需求。

（二）实习实践计划的制订与实施步骤

1. 确定实习实践的目标和任务

在制订实习实践计划之前，院校和企业需要共同明确实习实践的总体目标和具体任务。这可以通过与企业沟通，了解实际职业需求，明确期望学生在实习期间达到的目标。

2. 制订详细的实习实践计划

基于实习实践的目标和任务，院校可以制订详细的实习实践计划。计划中应包括实习实践的时间安排、地点安排、内容、阶段划分等详细信息。这样的计划可以为学生和企业提供清晰的指导。

3. 确定实习实践的导师

为确保学生在实习实践期间能够得到良好的指导和辅导，院校和企业需要确定学生实习实践的导师。导师负责指导学生完成实习实践任务，解答实际问题，帮助学生将理论知识应用到实际工作中。

4. 进行实习实践前培训

在实习实践开始之前，院校可以组织实习实践前培训，包括对实习实践企业的介绍、实习实践所需技能的培训、实习实践行为规范的培训等。这有助于学生更好地适应实习实践环境,提前了解实际工作的要求。

5.设立实习实践的监督与反馈机制

实习实践期间,院校和企业需要建立监督与反馈机制,定期了解学生的实习实践进展,及时解决遇到的问题。同时,提供给学生和企业导师一个反馈渠道,以便双方可以及时调整实习实践计划,确保实习实践的顺利进行。

6.提供学术支持和咨询服务

在实习期间,院校可以为学生提供学术支持和咨询服务,帮助他们解决实习实践中遇到的学科问题和难题。这可以通过设立学术导师、提供实践指导书籍、组织学术交流活动等方式来实现。学术支持和咨询服务有助于学生更好地将理论知识与实际问题相结合,提升实习实践的深度和广度。

7.制订实习实践的评估体系

实习实践的评估是确保实践效果的重要手段。院校和企业可以共同制订实习实践的评估体系,包括实际工作表现、任务完成情况、问题解决能力、团队协作等多个方面的评价指标。评估体系的建立有助于全面了解学生在实习实践中的表现,并为后续的实习实践提供改进和调整的依据。

8.实习实践结束后的总结和反馈

实习实践结束后,院校和企业应该进行总结和反馈。这可以通过学生的实习实践报告、企业导师的评价、院校导师的意见等方式来实现。总结和反馈有助于发现学生实习实践中的问题和不足之处,为今后的实习实践提供经验教训。

(三)可能遇到的挑战与解决策略

1.企业资源匮乏

挑战描述:一些企业可能资源有限,无法提供充足的实习实践机会,影响学生的实际操作能力培养。

解决策略:院校可以积极与更多的企业建立合作关系,扩大实习实践资源的来源。同时,可以通过与企业合作,共同策划实习实践项目,提高资源利用效率。

2.学生实践动力不足

挑战描述:一些学生可能对实习实践缺乏兴趣,导致参与实习实践的动力不足,影响实习实践效果。

解决策略:院校可以通过提前进行实习实践前培训,向学生清晰地介绍实习实践的重要性和意义,激发学生的兴趣。同时,可以设计具有挑战性和吸引力的实习实践项目,提高学生的参与积极性。

3. 实习实践计划与学科课程脱节

挑战描述:实习实践计划与学科课程之间可能存在脱节,导致学生在实习实践中无法充分应用课堂所学知识。

解决策略:院校应该强化实习实践计划与学科课程的衔接,确保实习实践内容与课程知识相互贯通。可以通过教师团队合作、定期课程与实习实践的交流会等方式来实现。

4. 企业与院校期望不一致

挑战描述:企业对学生实际能力的期望与院校培养的能力存在差异,导致实践效果不理想。

解决策略:在实习实践开始前,院校和企业应充分沟通,明确双方对学生实际能力的期望。可以通过制订详细的实习计划、设置明确的实习目标、定期召开沟通会议等方式,确保企业和院校期望的一致性。

5. 导师指导不足

挑战描述:一些企业导师可能缺乏时间或经验,无法提供充分的指导,影响学生实践的效果。

解决策略:院校可以提前进行企业导师的培训,帮助他们更好地了解实习计划和学生的培养目标。同时,建立院校导师与企业导师的联系渠道,确保在实践中及时沟通和解决问题。

6. 实习实践期间的突发事件

挑战描述:实践实习期间可能发生突发事件,如学生健康状况、企业环境问题等,影响实习计划的正常进行。

解决策略:院校和企业应建立紧急处理机制,预设应对措施,确保在突发事件发生时能够迅速而有效地处理,保障学生和实习实践计划的安全。

实习实践计划的制订与实施对于学生的职业发展和实际操作能力的培养至关重要。通过明确实习实践的目标、灵活调整实践实习计划、建立评估机制、加强导师指导等方式,院校和企业可以共同努力,确保实习实践教育的有效实施。同时，院校还需关注实习实践中可能遇到的挑战，积极寻求解决策略，以不断提高实习实践教育的质量和水平。

三、校企合作的双赢效果与问题解决

校企合作作为高职教育中一种重要的教育模式，近年来逐渐成为推动院校与企业之间互动的有效途径。通过校企合作，院校能够更好地适应产业发展需求，提升教育质量，而企业则可以获取更符合实际工作需求的人才，促进自身创新与发展。然而，尽管校企合作带来了许多双赢的效果，但也面临一些问题和挑战。

（一）校企合作的双赢效果

1. 院校获得实际需求导向的教育

校企合作使院校更加贴近实际产业需求，通过与企业的深度合作，院校可以了解行业的最新发展动态、技术需求以及用人标准。这有助于院校调整教学内容、更新课程设置，确保教育体系更加符合市场需求，提高学生就业竞争力。

2. 学生获得更全面的实践机会

通过与企业合作，学生能够获得更多、更全面的实践机会。实习、实训、项目合作等形式的实践活动能够让学生更好地将理论知识应用到实际工作中，培养解决问题的能力、团队协作意识以及创新精神，更好地适应职场需求。

3. 提高就业率和职业发展机会

校企合作使学生在学习过程中能够建立更广泛的职业人际网络，增加与企业的沟通机会。这为学生提供了更多的就业机会，企业更容易发现并招聘到适合自己需求的人才。另外，学生在实践中建立的职业联系也为其未来的职业发展提供了更多的可能性。

4. 提升科研创新水平

在校企合作中，院校和企业可以共同开展科研项目，推动科研成果的转化。通过合作，院校能够获得更多的科研资源和实验平台，提升科研水平；而企业则能够获取最新的科技成果，提高自身的创新能力，促进产业升级。

5. 企业获得人才培养和科研支持

通过与院校合作，企业能够参与人才培养过程，直接影响学生的专业素养和实际能力。同时，企业还能够借助院校的科研力量，获得专业的科研支持，解决实际业务中的技术难题，推动自身的创新发展。

6. 提高社会声誉和形象

校企合作能够带动院校和企业在社会中的影响力，提高其社会声誉和形象。院校通过与知名企业的合作，能够更好地展示自身的教学水平和科研实力，吸引更多优秀的学生；而企业通过与院校的合作，也能够树立良好的企业形象，提高在市场中的竞争力。

（二）可能出现的问题与解决策略

1. 信息不对称问题

问题描述：院校和企业之间存在信息不对称的情况，导致双方在合作中难以准确了解对方的需求和期望。

解决策略：建立信息沟通渠道，定期召开双方沟通会议，分享信息，明确合作的目标和计划。双方还可以通过建立联络人员、合作办公室等机制，加强信息的及时传递，降低信息不对称的程度。

2. 利益分配问题

问题描述：在校企合作中，涉及利益分配问题，包括学校、学生和企业之间的利益分配，可能引发矛盾。

解决策略：在合作协议中明确利益分配机制，确保双方对于合作中经济利益的分配有明确的认知。可以通过协商确定合理的分成比例，同时在合作过程中建立透明的账务制度，及时核算和结算经济利益。

3. 项目管理和执行问题

问题描述：在校企合作项目中，可能存在项目管理和执行不力的问题，导致合作目标无法顺利实现。

解决策略：建立专门的项目管理团队，明确项目的阶段性目标和执行计划。定期召开项目汇报会议，及时发现和解决项目执行中的问题。引入项目管理工具和方法，提高项目管理的效率，确保项目能够按计划执行。

4. 学生素质和能力不足问题

问题描述：由于学生个体差异和培养水平不同，可能存在一部分学生在实际操作中表现较差，无法满足企业的实际需求。

解决策略：院校可以通过加强实践课程的设置，提高学生的实际操作能力。建立学生实践能力评估机制，及时发现学生的不足之处，进行有针对性的辅导和培养。与企业共同制订培养方案，明确学生在实习实践中应具备的能力和素质，提前进行必要的预备教育。

5. 双方合作意愿不坚定问题

问题描述：由于外部环境变化或其他原因，院校或企业的合作意愿可能不坚定，导致合作关系的不稳定性。

解决策略：在合作协议中明确合作的期限和条件，建立长期稳定的合作机制。双方可以签署长期合作协议，明确各自的责任和义务，以确保合作关系的稳定性。定期进行合作评估，双方及时沟通，解决可能影响合作的问题，保持双方的共识。

6. 知识产权纠纷问题

问题描述：在校企合作中，可能涉及知识产权的问题，例如由学校研究产生的成果与企业的利益分配、知识产权的归属等。

解决策略：在合作协议中明确知识产权的归属和使用规则，确保学校和企业对于知识产权的权益有明确的认知。可以通过合作前的专业法务咨询，明确双方在知识产权方面的权责，以及如何解决潜在的知识产权纠纷。

7. 法律法规遵守问题

问题描述：校企合作可能涉及一系列法律法规的遵守问题，一旦合作中存在不合规的行为，可能面临法律风险。

解决策略：在合作协议中明确各项合作的法律法规遵守要求，确保双方都在法律框架内合作。双方可以寻求法律专业人士的意见，制订合规的合作计划，防范潜在的法律风险。定期更新合作协议，以适应法规的变化。

8. 文化差异问题

问题描述：院校和企业可能存在文化差异，包括管理方式、价值观念等，可能影响合作的顺利进行。

解决策略：双方应在合作前进行充分沟通，了解对方的文化和管理方式。建立尊重和理解的合作氛围，通过合作中的共同努力，逐渐融合和调整文化差异，实现合作的协同效应。

校企合作作为高职教育领域中的一种重要模式，对于院校、企业和学生都有重要的作用。通过更紧密的产学合作，院校能够更好地适应产业发展需求，提高教育质量，企业则能够获取更符合实际工作需求的人才，促进自身创新与发展。然而，要实现校企合作的双赢，必须克服各种可能出现的问题和挑战，建立稳定的合作机制，保障双方的权益，确保合作关系的可持续发展。在今后的校企合作中，需要更加注重信息沟通、合作意愿的坚定性、法律法规的遵守等方面的问题，以确保校企合作能够持续产生更好的效果。

第三节 学生参与社会服务与项目实操

一、学生社会服务项目的设计与推广

随着社会的不断发展和进步，越来越多的人意识到社会责任的重要性，尤其是在学生群体中。学生社会服务项目的设计与推广成为培养学生社会责任感和实践能力的重要途径之一。

（一）项目设计原则

需求分析：在设计学生社会服务项目之前，必须充分了解社会的需求。通过社会调查、问卷调查等方式，收集社区、学校或地区的实际需求，确定项目的方向和内容。

可行性研究：对项目的可行性进行全面评估，考虑资源投入、项目周期、人力支持等方面的因素。确保项目的设计符合实际情况，有望取得积极成果。

可持续性：项目设计应考虑长远发展，具有可持续性。通过建立合理的管理机制、引入社会资源支持等方式，确保项目能够稳步推进，并在未来能得到延续。

（二）项目实施步骤

团队组建：成立项目团队，团队成员包括项目负责人、组织者、志愿者等。明确各自的职责和任务，建立高效的工作团队。

制订详细计划：制订项目实施计划，包括项目的目标、时间节点、任务分工等。确保每个阶段都有明确的目标和可行的计划。

资源筹备：确保项目所需的资源充足，包括资金、物资、场地等。通过与企业、社会组织等合作，获取必要的支持。

招募志愿者：制订招募志愿者的计划，通过学校、社区、网络等途径广泛宣传，吸引更多学生参与到社会服务项目中来。

项目实施：按照计划逐步实施项目，确保各项活动有序进行。在实施过程中，及时解决出现的问题，保证项目的顺利推进。

（三）推广方法

制订推广计划：在项目实施的同时，制订全面的推广计划。通过校园宣传、社交媒体、线下活动等多种方式，将项目的理念传递给更多的人群。

媒体合作：与院校、社区的媒体建立合作关系，通过校报、社区广播等媒体进行项目的宣传报道，提高项目的知名度。

社交媒体宣传：利用社交媒体平台，发布项目的动态、成果和参与感言。通过吸引关注和分享，扩大项目的影响力。

口碑营销：通过志愿者和参与者的口碑宣传，吸引更多人加入项目中。积极回应社会关切，建立项目的良好声誉。

联合推广：与其他相关组织、机构进行合作，共同推动社会服务事业。通过合作推广，拓展项目的影响范围。

总的来说，学生社会服务项目的设计与推广需要综合考虑项目的实际需求、可行性以及可持续性。通过科学合理的设计和有力的推广，可以更好地吸引学生参与社会服务，培养其社会责任感和实践能力，为社会发展注入更多正能量。

二、学生参与实际旅游项目的机会与挑战

随着全球旅游业的蓬勃发展，学生参与实际旅游项目成为一种丰富多彩、开阔眼界的体验。这种经历既能够为学生提供独特的学习机会，同时也面临着一系列的挑战。

（一）机会

跨文化体验：学生参与实际旅游项目有机会深入了解不同国家、地区的文化、风俗习惯和历史背景。这种跨文化体验能够拓宽学生的视野，培养学

生跨文化沟通能力，提高学生文化适应力。

实践机会：通过参与旅游项目，学生能够将课堂学到的理论知识应用到实际中，提高实际操作能力。比如，学生可以在导游、活动组织等方面得到锻炼，积累实际工作经验。

人际交往：旅游项目提供了与不同背景、不同国籍的人们交往的机会。这有助于培养学生的人际交往能力、团队协作精神，同时也能让学生结交国际友人。

自我发现：旅游过程中，学生可能会面临新环境、新问题，这促使他们更好地了解自己的兴趣、优势和不足。通过解决问题和适应环境，学生能够更清晰地认识自己，形成更明确的生涯规划。

（二）挑战

安全隐患：在异国他乡，学生可能面临不同的安全隐患，如交通事故、疾病传播等。缺乏足够的安全防范意识和应急处理能力可能导致意外事件的发生。

文化冲击：不同文化的冲击可能对学生产生较大影响，包括语言障碍、习惯差异等。对于一些文化适应能力较差的学生，可能会感到不适应，影响旅游体验。

学业压力：参与旅游项目可能导致学生在学业上的落后。旅途中可能需要花费大量时间和精力，而这可能对学生学术成绩和学业进度造成一定的冲击。

管理问题：旅游项目的管理可能存在不足，包括组织不善、沟通不畅等。学生参与旅游项目时，如果管理层面存在问题，可能会导致项目无法顺利进行，甚至出现安全问题。

（三）应对策略

提前准备：在学生参与旅游项目前，院校和组织者应该提前进行全面的准备工作。包括提供安全培训、文化适应培训、应急处理培训等，确保学生具备应对各种情况的能力。

组织支持：院校和组织者需要提供充分的组织支持，包括提供清晰的行程安排、提供有力的管理和指导。组织者应建立有效的沟通机制，及时解决学生在旅途中遇到的问题。

学术结合：院校可以将旅游项目与学业结合，设计相关的学术任务和评估机制，确保学生在旅游中既能够体验，又能够保持学业进展。

立体评估：组织者需要建立全方位的评估体系，包括对学生在旅途中的学术表现、社交能力、自我发展等方面进行综合评估。这有助于更全面地了解学生在旅游项目中的表现。

学生参与实际旅游项目既是一次丰富多彩的体验，也是一次全方位的挑战。通过充分的准备和有力的组织支持，可以最大限度地发挥旅游项目的教育价值，使学生在体验中得到成长和提升。同时，也需要认真对待可能出现的挑战，通过合理的应对策略来确保学生的安全和学业进展。院校、组织者和学生本人都应积极参与、共同努力，使学生参与实际旅游项目成为一次有益的学习和成长经历。

三、社会服务与项目实操对学生职业素养的影响

在当今竞争激烈的职场环境中，学生除了需要扎实的专业知识外，职业素养也是备受重视的关键因素之一。社会服务与项目实操为学生提供了独特的机会，能够深刻影响其职业素养的培养。

（一）社会服务对学生职业素养的影响

沟通与协作能力的提升：参与社会服务项目，学生需要与不同背景的人群进行沟通与协作。这锻炼了他们的沟通技巧、团队合作精神，培养了他们处理复杂人际关系的能力。

问题解决与创新思维：社会服务项目通常涉及现实生活中的问题，学生需要运用专业知识并结合实际情况，提出解决方案。这促使学生培养问题解决与创新思维，增强实际应对问题的能力。

责任心与自我管理：在社会服务中，学生可能承担一定的责任，需要合理规划时间、资源，并保证项目的顺利进行。这锻炼了学生的责任心和自我管理能力，培养了对工作的认真态度。

多元文化体验：社会服务常涉及多元文化的交汇，学生有机会接触不同国家、地区的文化和价值观。这拓宽了学生的视野，培养了跨文化沟通的能力，为未来进入跨国公司或团队工作打下基础。

（二）项目实操对学生职业素养的影响

实际操作能力的提高：项目实操使学生能将课堂学到的理论知识应用到实际工作中，提高了实际操作能力。比如，在工程类项目中，学生需要亲自动手操控设备、解决实际问题，锻炼了他们的实际动手能力。

团队协作与领导力培养：项目实操通常需要学生在团队中协作，分工明确，培养了学生的团队协作精神。同时在一些项目中，学生还有机会担任小组或部门负责人，锻炼了领导力。

时间管理与项目计划：在项目实操中，学生需要合理规划时间，安排项目的进度。这培养了学生的时间管理技能，使其学会在有限的时间内高效完成任务。

实际问题的处理能力：项目实操中，学生可能面对各种未知的问题，需要迅速做出决策。这锻炼了学生处理实际问题的能力，培养了应对压力的心理素质。

（三）可能面临的挑战

项目资源匮乏：一些项目可能会受到资源限制，包括资金、设备等。这可能会影响学生在项目中的实际操作能力和项目的实施效果。

团队沟通问题：在项目实操中，团队成员可能存在沟通不畅、协作不力的问题，这可能会影响项目的进展和效果。

实际问题的挑战：学生在实际项目中可能面临各种复杂的问题，这需要他们具备解决问题的能力。一些学生可能因为对实际问题的处理能力不足而感到困扰。

与课程脱节：一些项目可能与学生当前所学专业不够贴合，导致学生在项目中感到与课程内容脱节，影响学业。

（四）应对策略

专业培训与辅导：在学生参与社会服务与项目实战之前，进行一定的专业培训和辅导，提高学生的专业水平，使其更好地适应项目的需求。

团队建设培训：对于涉及团队协作的项目，进行团队建设培训，提高团队成员的沟通协作能力，确保团队的高效运作。

项目前期准备：在项目开始之前，确保项目有足够的资源支持，包括资金、设备等，以减少因资源匮乏导致的问题。

联合学业规划：院校可以与企业或社会服务机构进行合作，确保学生参与的项目与其所学专业更贴合，避免项目与课程脱节。

社会服务与项目实操为学生提供了锻炼和成长的平台。通过这样的实际操作，学生不仅能够提升职业素养，更能够在职场中更加游刃有余地应对各种挑战。

第四节　"互联网+"时代高职旅游实践教学

一、"互联网+"时代对旅游教育的新要求

随着互联网技术的迅猛发展，我们正逐渐步入"互联网+"时代，这对各个行业都带来了全新的变革和挑战，旅游业也不例外。旅游教育作为培养旅游从业人才的重要途径，在"互联网+"时代面临着更为复杂的需求和变革。

（一）"互联网+"时代的背景

"互联网+"时代的特征："互联网+"时代是以互联网为核心，通过信息化技术推动传统产业变革的时代。在这个时代，信息的快速传递和处理、智能化的技术应用、大数据分析等成为常态，对传统产业提出了更高的要求。

"互联网+"时代的影响："互联网+"时代在经济、社会、文化等多个领域都产生了深远的影响。在旅游领域，互联网的普及使旅游信息更加透明、个性化需求得到更好满足，同时也促使旅游企业加速数字化转型。

（二）"互联网+"时代对旅游教育的新要求

数字化素养：在"互联网+"时代，旅游从业人才需要具备更高水平的数字化素养。这包括熟练使用各种互联网工具，了解大数据分析和人工智能等技术的应用，能够在数字环境中更加灵活地处理信息。

创新思维与创业精神："互联网+"时代注重创新和创业，旅游从业人才需要培养创新思维和创业精神，需要能够在竞争激烈的市场中发现机会、灵活应对挑战。

数据驱动决策：大数据技术的应用让旅游行业积累了大量的数据，旅游从业人才需要具备通过数据分析做出决策的能力。了解用户需求，预测市场趋势，对于业务的发展至关重要。

全球视野与跨文化沟通："互联网+"时代，旅游行业变得更加国际化，从业人才需要具备全球化的视野和跨文化沟通的能力。了解不同国家和地区的文化、法规等，成为具有竞争力的旅游专业人才。

多维度技能：传统的旅游专业知识仍然重要，但"互联网+"时代对旅游从业人才提出了更多维度的要求。除了专业知识，还需要具备市场营销、人际沟通、危机管理等多方面的技能。

快速学习和适应能力："互联网+"时代的快速发展要求旅游从业人才具备快速学习和适应新技术的能力。只有保持对新知识的持续学习，才能跟上行业的发展步伐。

（三）应对策略

课程内容更新与创新：及时更新课程内容，引入"互联网+"时代的最新理念和技术。例如，设置数字化素养培训、大数据分析应用等课程，使学生更好地适应新时代的需求。

实践性教学：加强实践性教学，提供更多的实际案例和项目，让学生能在真实场景中应用所学知识，培养其实际操作能力。这有助于将理论知识与实际工作相结合。

产学合作：与旅游行业的企业建立更紧密的合作关系，通过产学合作，院校可以更好地了解行业需求，同时学生也能够更好地接触实际工作场景，增强就业竞争力。

强化实习和实训：加强实习和实训环节，让学生在真实工作环境中积累经验，锻炼实际工作能力。亲身经历可以更好地培养学生的团队协作和解决问题的能力。

进修培训机会：为在职从业人员提供进修培训机会，帮助他们不断提升专业水平，适应"互联网+"时代的要求。这可以通过线上学习、短期培训等多种形式来实现。

引入新兴技术：可以引入新兴技术，如虚拟现实（VR）和增强现实（AR），以提供更丰富、沉浸式的学习体验。这有助于培养学生对于未来旅游行业可能采用的创新技术的理解和运用能力。

跨学科融合：促进旅游教育与其他领域的融合，培养学生多元化的技能。例如，将旅游专业与信息技术、商业管理等领域相结合，使学生更具综合素养。

学术与实践结合：不仅要注重学术研究，更要强调与实践相结合。通过与实际行业的紧密联系，学生能够更深刻地理解理论知识，并将其运用到实际工作中。

（四）面临的挑战与应对策略

1. 技术更新的速度

"互联网+"时代技术更新非常迅猛，院校需要时刻关注最新趋势，确保课程内容能够保持与行业同步。

应对策略：建立与行业专家和企业的紧密合作关系，获取第一手的行业信息。设立技术更新团队，负责及时调整和更新课程。

2. 学生接受度的不同

学生的接受程度和适应"互联网+"时代的速度因人而异，一些学生可能对新技术和新思维较为抗拒。

应对策略：采用渐进式教育方法，逐步引导学生接受新技术和新理念。同时，通过举办专业讲座、培训班等形式，提高学生对新技术的兴趣。

3. 教育资源的有限性

一些院校可能面临教育资源有限的问题，包括师资、实验室设备等。

应对策略：加强与相关企业和机构的合作，共享资源。同时，引导学生更多地利用互联网平台进行学习，拓宽他们获取信息和资源的途径。

4. 行业标准的不断变化

旅游行业的标准和规范不断变化，院校需要及时调整教学内容，确保学生学到的知识符合行业最新标准。

应对策略：加强与行业协会、标准制订机构的联系，获取最新的行业标准信息。在教学中强调培养学生的标准意识，使其能够适应行业的变化。

"互联网+"时代对旅游教育提出了更高的要求，旅游从业人才需要具备更多元化的技能和更高水平的适应能力。院校应当紧跟时代潮流，不断更新教学内容和教学方法，为学生提供更全面、实用的知识。同时，学生在"互联网+"时代也需要主动学习，不断提升自己的综合素养，以更好地适应行业的发展和变化。通过院校、企业以及学生个人的共同努力，高职旅游教育能够更好地服务于"互联网+"时代的需求。

二、利用"互联网+"技术改进实践教学方式

随着"互联网+"时代的来临，教育领域也在不断进行创新和改革。实践教学在各类教育中占据着重要的地位，而利用"互联网+"技术改进实践教学方式，不仅有助于提高教学效果，还能够更好地适应学生的学习需求。

（一）"互联网+"技术在实践教学中的应用

实时信息获取："互联网+"技术使得实践教学更容易获取实时信息。通过互联网，学生可以迅速了解到最新的行业动态、实践案例和相关资讯，从而更好地将理论知识与实际工作相结合。

虚拟实境体验：利用虚拟现实（VR）和增强现实（AR）等技术，学生可以进行虚拟实境体验。这种虚拟体验可以模拟实际工作场景，提供更真实的感觉，使学生在安全环境中进行实践。

在线模拟实验：通过在线模拟实验平台，学生可以进行各种实验操作，而不受到时间和地点的限制。这有助于提高学生的实际操作能力，尤其是对于一些需要动手操作的专业。

数据分析与挖掘："互联网+"技术使得大数据的应用变得更加普遍。在实践教学中，通过对大数据的分析与挖掘，可以为学生提供更深入的行业洞察，帮助他们更好地理解实际问题。

远程合作与交流：利用在线协作平台和社交媒体，学生可以进行跨地区的合作与交流。这种远程合作模式拓宽了学生的视野，培养了跨文化沟通和团队协作的能力。

（二）改进实践教学的策略

制订清晰的教学目标：在利用"互联网+"技术改进实践教学方式时，首先要明确教学目标。清晰的目标有助于选择合适的技术工具和开展相关的实践活动，确保实践教学的有效性。

创设在线实践平台：创建在线实践平台，为学生提供在线实验、虚拟情境体验、实际案例分析等实践机会。这种平台可以随时随地访问，为学生提

供更为便利的学习方式。

引入大数据分析：引入大数据分析的内容，让学生能够通过"互联网+"技术获取并分析大量的实践数据。这不仅可以帮助学生更深入地理解行业现状，还培养了他们的数据分析能力。

促进虚拟情境体验：利用VR、AR等技术，为学生提供更真实的虚拟情境体验。这可以在一定程度上弥补实际实践的限制，使学生在虚拟情境中获得更为丰富的实践经验。

制订在线协作项目：制订在线协作项目，通过协作平台组建团队，让学生在远程情况下进行合作与交流。这种方式培养了学生的团队协作精神，同时也提高了他们的远程工作能力。

制订在线评估体系：利用"互联网+"技术建立完善的在线评估体系，对学生的实践表现进行全面评估。这可以更客观、全面地了解学生的实际能力，促使学生更加努力地参与实践教学。

提供在线指导与辅导：在实践教学中，为学生提供在线指导与辅导，通过线上平台解答学生在实践过程中遇到的问题，及时调整实践计划，确保实践教学的顺利进行。

激发学生自主学习兴趣：通过设计有趣的实践活动、引入具有挑战性的实际问题，激发学生的学习兴趣。在"互联网+"时代，学生更倾向于通过自主学习来提高实践能力。

（三）面临的挑战与解决策略

1. 技术设备的不足

一些院校可能面临技术设备不足的问题，影响到实践教学的推进。

解决策略：寻求与企业或其他单位的合作，共享技术设备资源。通过建立产学合作关系，院校可以更容易获得先进的技术设备，为实践教学提供更好的支持。另外，可以通过云平台等方式，实现在线虚拟实验，减轻对物理设备的依赖。

2. 学生技术水平参差不齐

学生的技术水平可能存在差异，一些学生可能对"互联网+"技术不够熟悉。

解决策略：在开展实践教学之前，进行技术培训，提高学生的技术水平。

可以设置专门的培训课程,让学生熟悉相关的"互联网+"技术工具和平台。同时,可以引入学生互相学习、协作的方式,促使技术水平的共同提高。

3.实践教学资源的获取难度大

有些实践教学资源可能受到地理、行业等方面的限制,获取难度较大。

解决策略:利用互联网的优势,拓展实践教学资源的获取渠道。可以通过与行业企业合作,获取实际案例、项目等资源,同时积极参与行业交流和合作,收集实践教学资源。

4.安全与隐私问题

在利用"互联网+"技术进行实践教学时,涉及学生个人信息和敏感数据,可能存在安全与隐私问题。

解决策略:加强安全防护,确保使用的在线平台和工具具备良好的安全性。同时,明确相关隐私政策,保障学生个人信息的安全。在教学过程中,也要提醒学生注意个人信息保护,避免泄露敏感信息。

5.教师专业水平不足

部分教师可能对"互联网+"技术的应用不够熟悉,导致实践教学的效果受到影响。

解决策略:提供相关培训和支持,提升教师的"互联网+"技术应用水平。可以邀请专业人士或企业技术团队进行培训,同时鼓励教师参与实际项目,提高他们的实践经验,更好地应用"互联网+"技术于实践教学中。

6.学生沉迷于虚拟情境

虚拟情境技术的引入可能导致学生过度沉迷于虚拟体验,而忽略了真实世界的实践机会。

解决策略:设置明确的实践目标,确保虚拟情境体验是为了更好地理解和应用知识,而非取代实际操作。引导学生在虚拟情境体验后,及时将所学应用到实际中,以取得更好的实践效果。

(四)"互联网+"技术改进实践教学的未来展望

强化实践与理论相结合:未来,"互联网+"技术将更加强化实践与理论相结合的教学模式。院校可以进一步探索将实际项目、实习经验与在线课程相融合,提供更为全面的实践教学体验。

拓展全球化实践机会:通过互联网,院校可以更方便地与国外和跨国企业、组织合作,为学生提供跨国实践机会。这有助于培养学生的国际视野和跨文化沟通能力。

个性化实践教学路径:利用"互联网+"技术,院校可以更好地为每位学生提供个性化的实践教学路径。通过智能化系统,根据学生的兴趣、学科背景和学习风格,定制符合其需求的实践教学方案。

多元化实践评估方式:传统的实践教学评估方式可能相对单一,未来可以通过"互联网+"技术引入更多元化的评估方式,如基于项目的评估、同行评价等,更全面地评价学生的实际能力。

智能辅助实践教学:随着人工智能的发展,未来可以期待智能辅助实践教学的应用。智能系统可以根据学生的学习情况和实践表现,提供个性化的指导和建议,促进学生的全面成长。

"互联网+"技术的广泛应用为实践教学的改进提供了丰富的可能性。通过在线平台、虚拟情境体验、大数据分析等手段,院校可以更好地组织和管理实践教学,提高学生的实际能力。同时,学生也能够通过"互联网+"技术更灵活地参与实践活动,拓展实践领域,提高实际问题解决的能力。然而,要实现"互联网+"技术在实践教学中的最大效益,需要院校、教师和学生共同努力,应对相关挑战,不断创新实践教学方式。

三、"互联网+"时代实践教学效果评估

在"互联网+"时代,实践教学作为培养学生实际能力和应对职场挑战的重要手段,越来越受到关注。随着技术的发展,"互联网+"技术为实践教学提供了更多的可能性。然而,如何科学、全面地评估实践教学效果成为一个亟待解决的问题。

(一)实践教学的特点与重要性

1.实践教学的特点

实践教学是一种将理论知识与实际操作相结合的教学模式,其特点主要包括以下几点。

真实性:实践教学注重学生在真实场景中的应用能力,使学生能够更好地适应职场需求。

动手性：强调学生的动手操作和实际演练，培养学生实际动手解决问题的能力。

跨学科性：通常涉及多个学科领域，促使学生在跨学科的环境中进行学习和实践。

2. 实践教学的重要性

在"互联网+"时代，实践教学的重要性更为凸显。

适应行业需求：在"互联网+"时代，行业对于从业人员的实际操作能力和创新思维有更高的要求，实践教学能够更好地培养学生适应职场的能力。

提高学生竞争力：实践教学使学生能够在校园中获得真实的实践经验，提高了他们在毕业后的就业竞争力。

促进综合素养：实践教学能够培养学生的综合素养，包括团队协作、沟通能力、问题解决能力等。

（二）"互联网+"时代实践教学模式

1. 虚拟情境技术的应用

在"互联网+"时代，虚拟情境技术为实践教学带来了新的机遇。学生可以通过虚拟情境技术参与模拟实际操作，例如医学领域的手术模拟、工程领域的设计模拟等，提高实践操作的安全性和效果。

2. 在线实验平台的建设

在"互联网+"时代，通过在线实验平台，学生可以在不受时间和地点限制的情况下进行实验操作。这为院校提供了更灵活、便捷的实践教学环境，同时节省了实验设备的投入。

3. 大数据分析的运用

通过"互联网+"技术，院校可以收集和分析学生在实践教学中产生的大量数据。借助大数据分析，可以更全面、客观地评估学生的实际能力，发现问题并进行精准的个性化辅导。

4. 远程协作平台的构建

"互联网+"时代的远程协作平台为学生提供了更多跨地域、跨学科的合作机会。学生可以通过在线协作平台与其他团队成员共同完成实践项目，有助于培养团队协作和远程工作的能力。

5. 网络资源的整合利用

互联网上存在大量的开放性教育资源，包括各种教学视频、在线课程、学术文献等。院校可以整合这些资源，为学生提供更广泛的学习和实践机会，拓展学生的知识面。

（三）"互联网+"时代实践教学效果评估的挑战与应对策略

1. 主观评价与客观评价的平衡

在"互联网+"时代，学生在实践教学中产生的数据多样化，但如何进行客观、科学的评价仍然是一个挑战。主观评价容易受到个体主观意愿的干扰，而客观评价可能忽略一些难以量化的能力。

应对策略：结合主观评价和客观评价，制订全面的评价体系。在主观评价中，可以采用学生自我评价、教师评价等方式，同时引入客观评价指标，如实际操作的准确性、项目成果的质量等。

2. 数据隐私与安全问题

随着大数据的应用，学生在实践教学中产生的数据涉及个人隐私和敏感信息，存在安全风险。

应对策略：加强数据隐私保护措施，确保学生的个人信息得到妥善处理。院校应建立健全数据安全管理制度，采用加密技术、访问控制等手段，防范数据泄漏和滥用风险。同时，制订明确的数据使用政策，告知学生数据的具体用途，并经过学生同意后方可使用。

3. 技术设备不平衡

在一些地区或院校，由于设备投入不足或技术水平落后，可能会导致学生在实践教学中面临设备不足的问题，影响教学效果。

应对策略：院校应积极争取资金支持，更新和升级实践教学所需的技术设备。通过与企业合作、申请相关科研项目等方式，获取先进的技术设备，确保学生能够在最新的技术环境中进行实践。

4. 学生参与度难以衡量

在"互联网+"时代，学生参与实践教学的方式更加多样，有的通过虚拟情境，有的通过在线协作，而学生的具体参与度难以量化。

应对策略：制订明确的参与度评估标准，包括实际操作次数、虚拟情境参与时长、在线协作贡献等多个方面。同时，通过学生自主提交的实践报告、作品展示等方式，综合考量学生在实践中的表现，形成全面的评估。

5. 个性化评价难度大

每位学生的背景、兴趣、实际操作水平都有差异，进行个性化的实践教学效果评价具有一定难度。

应对策略：引入智能化技术，根据学生的学科背景、兴趣特点、实际操作水平等因素，制订个性化的评价标准。利用大数据分析，构建个性化的学习路径，使学生能够根据个体差异获取更有针对性的实践教学指导。

（四）构建"互联网+"时代实践教学效果评估体系

1. 制订明确的评价指标

建立一个全面而明确的评价指标体系，包括实际操作能力、创新能力、团队协作能力等多个方面。这些指标既可以是量化的，也可以是定性的，以全面反映学生在实践教学中的表现。

2. 引入多元化的评估方法

采用多元化的评估方法，包括考核实践报告、项目成果展示、实际操作考核、同行评价等。这样可以更全面、客观地了解学生的实践能力，避免仅依赖一种评估方式。

3. 利用大数据技术

充分利用大数据技术，收集和分析学生在实践教学中产生的数据，包括学习行为、作业表现、在线协作等多个方面。通过大数据分析，更准确地评估学生在不同实践环节的表现。

4. 结合教学目标进行评估

评估体系应与教学目标相一致，确保评估的内容和方法与实践教学的预期目标相契合。明确实践教学的目标是培养学生的实际能力，因此评估体系应着重于学生的实际操作水平、解决问题的能力和创新思维等方面。

5. 引入自评与同学评价

引入自评和同学评价的机制。通过学生自己对自己的实践过程进行反思和评价，以及同学之间的互相评价，可以更全面地了解每位学生的表现和成长。

6. 持续改进评估标准

实践教学领域的发展变化较快，因此评估标准也需要不断地进行更新和改进。院校和教师应该定期更新实践教学效果评估体系，根据实际情况和行业需求进行相应的调整和优化。

7. 创新教学评估手段

在"互联网+"时代，可以探索创新的评估手段，如基于人工智能的智能评价系统、虚拟情境技术下的实时评估等。这些创新手段可以更准确地捕捉学生的实际操作能力和创新潜力。

（五）实践教学效果评估的未来发展趋势

1. 强化学科交叉融合

未来的实践教学效果评估将更加注重学科交叉融合。通过将不同学科领域的实践经验结合起来，培养学生更全面、综合的能力，更好地适应未来跨学科融合的趋势。

2. 引入行业认证和证书

为了更好地反映学生在实践教学中的实际能力，院校可以与行业组织合作，引入相关的行业认证和证书。这些认证可以成为学生在求职过程中的有力证明，更加客观地评估学生的实际技能水平。

3. 发展在线实践教育

随着在线教育的发展，未来实践教学效果评估将更多地涉及在线实践。学生可以通过在线平台参与虚拟情境体验、在线实验等，评估更为方便，也更符合学生的学习习惯。

4. 引入人工智能和大数据分析

未来，人工智能和大数据分析将在实践教学效果评估中发挥更大的作用。通过人工智能算法分析学生在实践活动中的表现，提供个性化的反馈和指导，更好地满足学生的学习需求。

5. 加强与企业的合作

为了更贴近实际职场需求，院校需要加强与企业的合作。与企业建立实践基地，提供更多实际项目和实践机会，企业参与评估，共同推动实践教学的有效性。

在"互联网+"时代，实践教学效果评估面临新的机遇和挑战。构建科学、全面的评估体系，利用"互联网+"技术，充分发挥大数据、人工智能等技术的优势，将是未来实践教学评估的重要方向。为了有效应对未来的发展趋势，院校、教师和学生需要共同努力，适应时代变革，不断创新实践教学模式和评估方法。

第五节 高职旅游实践教学模式的效果评估

一、构建高职旅游实践教学评估体系

高职旅游教育注重培养学生实际操作能力和实践创新精神，而实践教学评估体系的建设对于确保教学质量、提高学生综合素质至关重要。

（一）构建高职旅游实践教学评估体系的重要性

1. 适应旅游行业需求

旅游行业是一个高度实践导向的行业，学生需要具备实际工作中所需的操作技能和应对复杂情境的能力。通过构建实践教学评估体系，可以更好地对学生的实际能力进行评估，确保他们毕业后能够满足旅游行业的需求。

2. 提高学生综合素质

实践教学评估体系不仅关注学生的专业知识，还注重培养学生的综合素质，如团队协作能力、沟通能力、创新能力等。通过评估这些素质，有助于培养出更具综合素质的旅游行业专业人才。

3. 促进教学质量提升

实践教学评估体系可以作为一种监控和促进教学质量提升的工具。通过持续的评估，教师可以及时发现问题，调整教学策略，提高实践课程的实效性和实用性。

4. 促进校企合作

构建实践教学评估体系有助于促进校企合作。实践教学评估可以结合企业的实际需求，使学生的实践活动更贴近实际工作，增加校企合作的深度和广度。

5. 推动教学创新

实践教学评估体系的构建需要不断创新教学方法和手段，推动教学创新。

通过引入新的教学理念、技术手段，可以激发学生学习兴趣，提高教学效果。

（二）高职旅游实践教学评估体系的设计原则

1. 针对性原则

评估体系应该根据高职旅游教育的特点和目标设定，具有明确的针对性。考虑到旅游行业的多样性，评估内容应涵盖不同领域的实践能力，确保评估结果更具有代表性。

2. 全面性原则

评估体系应全面考察学生的知识、技能和素质。高职旅游教育不仅需要学生掌握相关的专业知识，还需要培养学生的实际操作技能以及团队协作、沟通表达等综合素质。

3. 过程性原则

评估不应仅仅集中在实践活动结束时，而应贯穿整个实践过程。通过对学生在实践过程中的表现进行多次、多层次的评估，可以更全面地了解他们的实际能力和潜在问题。

4. 可操作性原则

评估体系设计应具有一定的可操作性，便于教师实施和学生理解。评估方法和工具要简洁明了，能够清晰地指导学生和教师进行实践活动，为评估结果提供有效的数据支持。

5. 反馈和改进原则

评估体系应设置反馈机制，及时向学生和教师反馈评估结果，并为他们提供改进建议。通过学生和教师的反馈，不断优化评估体系，提高其有效性和实用性。

（三）高职旅游实践教学评估体系的内容和方法

1. 评估内容

专业知识与技能：考查学生在实践中所应用的专业知识和相关技能，如导游操作、旅游规划、服务技能等。

实际操作能力：考查学生在实际工作场景中的操作能力，如景区导览、旅游产品开发等。

团队协作与沟通能力：考查学生在团队中的合作和沟通能力，如团队协作能力、沟通表达能力、解决问题的能力等。

创新能力：考查学生在实践中的创新思维和实际创新成果，如旅游产品创意、服务模式创新等。

实践安全意识：考查学生在实践过程中的安全意识和应对紧急情况的能力。

2. 评估方法

实际操作：通过模拟或真实的实际场景，对学生的实际操作能力进行考查。这可以包括模拟导览、旅游规划案例分析、实地旅游服务等，以真实场景还原学生将来可能面对的工作情境。

案例分析与报告：要求学生进行实际案例的分析和总结，撰写相关报告。这有助于考查学生对于旅游问题的分析解决能力，以及对专业知识的深刻理解。

团队项目：通过团队合作的项目，考查学生的团队协作与沟通能力。可以设立项目任务，让学生在小组中协作完成，然后通过小组讨论、评分等方式进行综合评估。

实践记录与反思：要求学生在实践过程中记录所学所感，进行实践反思。这有助于了解学生在实际操作中的体验和感悟，同时促使学生对自己的表现进行深度思考。

口头答辩：设立口头答辩环节，要求学生对实践成果进行解释和答辩。这有助于考查学生口头表达能力、逻辑思维和应变能力。

（四）可能遇到的问题与解决策略

1. 评估难度较大

问题描述：由于旅游行业的多样性和复杂性，实践教学评估可能难以量化，难度较大。

解决策略：合理利用定性和定量相结合的方法，通过案例分析、实际操作、学生自评等多种方式，综合评估学生的实践能力。同时，通过明确评估标准和指标，规范评估过程，提高评估的客观性。

2. 评估标准不清晰

问题描述：缺乏明确的评估标准，导致评估结果主观性较强，难以为学生提供准确的反馈。

解决策略：在制订评估体系时，要明确每个评估项的具体标准和评分细则。可以借鉴相关行业标准、职业素养要求，确保评估标准具有可操作性和客观性。同时，定期对评估标准进行修订和更新，以适应行业发展的变化。

3.学生对评估过程不理解

问题描述：学生对实践教学评估的具体流程和标准不够清晰，导致其在实践中存在误解或不合理的行为。

解决策略：在实施实践教学评估之前，对学生进行必要的培训和说明。通过开展评估流程说明会、提供评估手册等方式，使学生充分了解评估的目的、标准和方法。同时，设立反馈机制，及时解答学生的疑问，帮助其更好地参与评估过程。

4.评估结果未得到有效利用

问题描述：评估结果得出后，未能充分发挥作用，未能对实践教学的改进和提升产生积极影响。

解决策略：建立定期的评估结果反馈和改进机制。通过将评估结果纳入教学质量监控体系，设立专门的评估结果分析小组，及时分析评估结果，提出改进措施。同时，鼓励教师和学生参与评估结果的讨论，形成共识，促使评估结果得到更有效的利用。

5.实践环境受限

问题描述：由于实际情况限制，学校的实践环境可能无法与真实旅游行业环境完全匹配，影响评估的真实性。

解决策略：尽量优化实践环境，提高实践的真实性。可以与相关企业合作，开展联合实践活动，将学生置身于更真实的旅游工作场景中。同时，通过模拟、虚拟情境等技术手段，提高实践活动的真实感。

构建高职旅游教育实践教学评估体系是提高教学质量、培养学生实际能力的关键环节。通过合理设计评估内容和方法，明确评估标准和原则，以及有效解决可能遇到的问题，可以更好地推动实践教学的改进和提升。在这一过程中，院校、教师和学生都需要共同努力，形成合力，为高职旅游教育的实践教学贡献更多的力量。

二、收集学生参与实践教学的数据

实践教学是高职教育中不可或缺的环节，对于培养学生实际操作能力和将理论知识应用于实际的能力至关重要。而为了全面了解学生在实践教学中的表现，需要进行有效的数据收集。

（一）数据收集的目的和重要性

1. 目的

实践教学的目的是通过实际操作让学生更深入地理解和掌握所学知识，培养其解决实际问题的能力。因此，数据收集的目的主要包括：

评估学生在实践中的表现，了解其实际操作能力和综合素质；

分析学生对实践任务的理解程度，检验课程目标的达成情况；

收集学生在实践中遇到的问题和困难，为进一步的教学提供参考。

2. 重要性

数据收集有助于全面了解学生在实践教学中的表现和需求，对于提高教学质量和满足学生个性化学习需求具有重要意义：

为教师提供客观的教学评估依据，帮助其更好地了解学生学习状况，调整教学策略；

为院校领导提供实证数据，评估实践教学对学生成绩和综合素质的影响，进行更精准的教学管理；

为学生提供个性化的学习反馈，帮助其更好地认知自己的优势和不足，指导学习方向。

（二）学生参与实践教学的数据收集方法

1. 考查和评估体系

建立科学的考查和评估体系是收集学生实践教学数据的基础。体系应包括明确的评估标准、具体的考查方法和合理的评分体系。其中的指标包括专业知识运用、实际操作能力、团队协作、问题解决能力等方面，以全面评价学生在实践中的表现。

2. 实践任务报告

要求学生在实践结束后提交实践任务报告，该报告应包含对实践任务的整体描述、自己的工作职责、遇到的问题及解决方案等。通过对报告的分析，可以了解学生对实践任务的理解程度、解决问题的能力以及团队协作情况。

3. 实践过程记录

在实践过程中，鼓励学生自主记录实践经历，可以采用文字、照片、视频等形式。学生的实践记录可以展示其在实践中的思考过程、所遇到的挑战以及取得的成就，为后续的评估提供更具体的数据。

4. 学生反馈问卷

设计学生反馈问卷，向学生征询他们对实践教学的看法和建议。问卷应包括对教学内容的满意度、实践任务的难度感受、教学组织和指导的评价等内容。学生的反馈将提供实际参与者的意见，有助于发现教学中可能存在的问题并进行改进。

5. 教师观察和记录

教师在实践过程中的观察和记录也是重要的数据来源。通过教师的直观感受，可以更全面地了解学生的实际操作情况、团队合作表现以及对任务的态度。这可以通过教师对学生工作现场的巡视、学生与教师的面谈等方式进行。

6. 小组讨论和分享

安排学生在实践结束后进行小组讨论和分享。在这个过程中，学生可以分享彼此的经验、遇到的问题以及解决方案。教师可以通过参与讨论或收集讨论的内容来获取学生的实际参与情况和思考水平。

7. 成绩单和学分绩点

学生在实践教学中的成绩单和学分绩点也是一种数据来源。成绩单反映了学生在实践任务中的得分情况，学分绩点则可作为学生整体表现的一个指标。这种数据源是相对客观的，但仍需结合其他数据进行综合分析。

（三）数据收集的实施流程

为了确保数据收集的有效性和顺利进行，需要建立明确的实施流程。

1. 制订明确的数据收集计划

在实践教学开始前，教师应制订明确的数据收集计划，明确要收集的数据内容、数据收集的时间节点、收集方式等。计划要综合考虑教学目标、实践任务的性质以及学生的实际情况，确保数据的全面性和有效性。

2.选择合适的数据收集工具

根据数据收集计划，选择合适的数据收集工具。可以采用问卷调查、实地观察、学生报告等多种方式，灵活运用定性和定量相结合的方法，以确保数据收集的全面性和准确性。

3.合理分配教师和学生的任务

在数据收集的过程中，需要教师和学生共同参与。教师可以负责观察和记录，指导学生进行实践任务报告的书写，组织学生进行小组讨论和分享。学生则需要认真完成实践任务，按照要求提交相关报告，并积极参与讨论和分享。

4.实时监控数据收集过程

在数据收集过程中，需要实时监控，及时发现和解决可能出现的问题。可以通过定期召开数据收集工作组会议、与学生进行面谈、收集学生反馈等方式，及时了解数据收集的进展情况，确保数据的完整性和准确性。

5.数据的整理和分析

数据收集完成后，需要对收集到的数据进行整理和分析。可以利用统计软件进行数据分析，绘制图表、制作统计报告，对学生在实践中的表现进行综合评估。同时，结合教师的观察和学生的反馈，形成全面的评估结果。

6.提供个性化的反馈和指导

基于收集到的数据，为学生提供个性化的反馈和指导。针对学生在实践中的优势和不足，制订个性化的学习计划和提升方案，帮助其更好地改进和成长。

7.定期评估和改进

建立定期的评估和改进机制，对数据收集过程和结果进行评估。通过学生和教师的反馈，分析数据收集的效果，及时调整数据收集计划和方法，不断完善实践教学评估体系。

（四）可能遇到的问题与解决策略

1.学生对数据收集的抵触情绪

问题描述：由于学生对数据收集存在抵触情绪，可能导致信息不真实或不全面。

解决策略：在实施数据收集之前，进行充分的沟通和说明，向学生解释数据收集的目的、重要性以及对他们学习的帮助。建立积极的氛围，激发学生参与的积极性，确保数据的真实性和可靠性。

2. 数据收集工具的选择

问题描述：在众多的数据收集工具中选择合适的工具可能是一个挑战，选择不当可能导致数据不准确或不全面。

解决策略：在选择数据收集工具时，要综合考虑教学目标、实践任务的性质、学生的实际情况等因素。可以结合定量和定性方法，采用多种工具相互印证，提高数据收集的可信度。

3. 数据整理和分析的复杂性

问题描述：大量的数据需要进行整理和分析，可能面临复杂性和耗时的挑战。

解决策略：利用专业的统计软件，采用图表和报告等形式，简化数据的整理和分析过程。建议设立专门的数据分析小组，通过团队协作的方式，提高数据分析效率和准确度。

4. 数据收集过程中的不确定性

问题描述：数据收集过程中可能受到实际环境、学生状态等因素的影响，导致不确定性。

解决策略：在数据收集计划中考虑到可能的不确定性，制订灵活的方案。及时调整数据收集的方式和时间，确保数据的准确性和完整性。在收集过程中，保持与学生的沟通，及时了解并解决问题。

5. 数据分析结果的解释和应用

问题描述：数据分析结果可能涉及多个变量和因素，需要准确解释和应用。

解决策略：在数据分析阶段，可以邀请相关专业人员参与，提供专业的解释和建议。同时，与教师团队进行讨论，共同解读数据分析结果，制订更科学的教学改进计划。

学生参与实践教学的数据收集是高职教育中实现教学质量提升的关键环节。通过建立明确的数据收集计划、选择合适的工具、合理分配任务、实时监控和定期改进，可以确保数据的可信度和有效性。数据的综合分析不仅有助于教学管理的科学决策，还为学生提供了更个性化的学习反馈，促使他们更好地参与实践、提升能力。在实践教学数据的收集和分析过程中，解决可能遇到的问题，关注学生的实际需求和反馈，有助于实现更有效的教学和学习成果。

三、分析评估结果与不断改进实践教学模式

实践教学是高职教育中不可或缺的组成部分，对培养学生实际应用能力、职业素养和团队协作能力起着至关重要的作用。为了确保实践教学的有效性和质量，不仅需要建立科学的评估体系，还需要通过对评估结果的分析，及时进行教学模式的改进。

（一）实践教学评估结果的分析方法

1. 统计分析

统计分析是常用的评估结果分析方法之一，通过数值化的方式对实践教学的各项指标进行统计，包括平均分、标准差、频数分布等。这有助于识别整体的教学表现和学生水平分布，发现可能存在的问题和亮点。

2. 趋势分析

趋势分析主要关注实践教学的发展趋势，比较不同时间段或不同批次学生的表现。通过趋势分析，可以了解实践教学在不同阶段的变化趋势，帮助教师更好地调整和优化教学策略。

3. 学生反馈分析

学生反馈是评估的重要组成部分，通过对学生的问卷调查、访谈等方式获取学生的主观感受和看法。学生反馈分析有助于了解学生对实践教学的满意度、对教学内容的理解程度以及对教学环节的评价，为教学改进提供参考意见。

4. 教师观察与记录

教师观察与记录是直观而全面的评估方法，通过教师在实践教学过程中的观察、记录学生表现的方式，可以获取更深入的信息。这包括学生的团队合作能力、实际操作技能、问题解决能力等方面的观察。

5. 案例分析

通过对具体案例的深入分析，可以挖掘实践教学中的深层问题。案例分析有助于发现某些特定情境下的问题，并提出相应的解决方案。这种方法可以深入剖析评估结果，找到根本原因。

（二）实践教学模式的改进策略

1. 设立定期的教学评估机制

为了不断改进实践教学模式，可以设立定期的教学评估机制。通过定期评估，可以及时发现问题、总结经验，并为教学改进提供科学的依据。评估机制可以包括学生、教师和企业合作伙伴的评价，形成多方面的评估体系。

2. 引入专业外部评估

引入专业的外部评估机构对实践教学进行评估，有助于获取更客观、独立的评价意见。外部评估机构可以基于行业标准和专业水平进行评估，为学校提供专业化的改进建议。

3. 教学团队协作

建立教学团队，促进师资间的交流与合作。通过定期的教学团队会议，教师可以分享各自的教学经验、优秀案例和教学资源。团队协作有助于形成共识，提高教学水平，为实践教学模式的改进提供集体智慧。

4. 教师培训与进修

教师是实践教学的关键执行者，提升教师的专业水平对于改进实践教学模式至关重要。学校可以组织教师培训与进修，使教师掌握先进的教学理念和方法，增强其实践教学的能力。

5. 建立实践教学改进反馈机制

建立实践教学改进反馈机制，鼓励学生和教师在实践教学结束后提出建议和意见。通过设立反馈渠道，院校可以收集更多实际参与者的看法，及时发现问题并进行改进。

6. 整合行业资源

与行业建立更紧密的联系，积极整合行业资源，将行业实际需求融入实践教学中。这有助于确保实践教学与行业实际需求相符，提高学生的实际应用能力。

7. 鼓励创新教学方法

鼓励教师尝试创新的教学方法，引入新技术、新媒体、新教材等。创新有助于激发学生的学习兴趣，提高实践教学的吸引力。教师可以在教学中探索跨学科的教学方法，借助先进的技术手段提升实践教学的质量。例如，引入虚拟仿真技术、在线实验平台、远程协作工具等，以丰富实践教学的形式和内容。

8. 改进实践任务设计

实践任务的设计是实践教学的核心，通过改进实践任务的设计，可以更好地激发学生的学习兴趣和动力。任务设计要贴近实际工作场景，具有一定的挑战性，能够锻炼学生的实际操作技能和解决问题的能力。同时，任务的设计要与课程目标紧密结合，确保学生能够在实践中达到预期的学习效果。

9. 强化跨学科融合

实践教学应该倡导跨学科融合，使不同专业领域的知识能够在实践中交叉应用。跨学科的教学模式有助于培养学生的综合素质，使他们能够更好地适应复杂多变的职业环境。教师可以通过与其他专业的教师合作，共同设计和实施跨学科实践任务，促进学科之间的有机融合。

10. 建立学生实践档案

建立学生实践档案，记录学生在实践教学中的表现和成就。这不仅有助于院校全面了解学生的实际能力，还为学生未来的就业和发展提供了有力的支持。实践档案可以包括学生的实践报告、项目成果、获奖证书等，形成全面的学生综合素质展示。

11. 加强与企业的合作

加强与企业的合作是改进实践教学的关键一环。与企业合作可以更好地将学生引入实际工作场景，使他们直接接触行业实践。通过建立实习、实训基地，院校可以与企业深度合作，实现实践教学与实际用人需求的紧密对接。

12. 培养学生自主学习能力

在实践教学中，不仅要注重教师的引导，还要培养学生的自主学习能力。引导学生主动参与实践任务的规划和执行，鼓励他们主动寻找问题和解决方案。通过培养学生的自主学习能力，可以提高他们在实践中的独立思考和创新能力。

通过对实践教学评估结果的深入分析，以及不断改进实践教学模式的具体策略，可以提高学生的实际操作能力、团队协作精神和创新能力。实践教学的改进是一个渐进的过程，需要院校、教师和学生共同努力。在改进实践教学模式的过程中，不仅要关注学生的学科知识水平，还要注重培养其实际应用能力和跨学科综合素质，使其更好地适应社会的需求。

第四章　高职旅游师资队伍建设与培养机制创新

第一节　高职旅游教育师资队伍现状分析

一、高职旅游教育师资队伍概况

高职旅游教育作为培养旅游专业人才的关键阶段，其师资队伍的概况直接关系到培养质量和教育水平。

（一）高职旅游教育师资队伍的组成和结构

1. 教育背景及学历分布

高职旅游教育师资队伍的教育背景和学历分布较为多样化。一般包括博士、硕士、本科等不同学历背景的教师，其中博士主要担任高水平专业课程和科研任务，硕士和本科生则主要从事专业基础和实践教学。

2. 专业背景及学科领域

高职旅游教育师资队伍的专业背景主要涵盖旅游管理、酒店管理、导游等相关领域。教师的专业背景对于专业课程的设计和实践教学的质量有着直接影响。同时，由于旅游专业的跨学科性质，一些师资队伍可能还具备管理学、文化学、地理学等相关学科背景。

3. 教学经验和实践能力

高职旅游教育师资队伍的教学经验和实践能力对于高职旅游教育尤为重要。具备丰富实践经验的教师能够更好地将理论知识与实际工作相结合，为学生提供更具实用性的培训。教师的实践能力不仅来源于工作经验，还需要通过持续的专业发展和实际工作参与来不断提升。

4. 科研水平和创新意识

高职旅游教育师资队伍中的科研水平和创新意识直接关系到专业知识的更新和教育教学水平的提升。拥有较高科研水平的教师能够在教学中融入最新的研究成果，为学生提供前沿的专业知识。创新意识强的教师更容易在实践教学中探索新方法、新工具，提高教学质量。

5. 学术背景和行业经验

高职旅游教育师资队伍中是否有具备较强学术背景和较多行业经验的教师，对于高职旅游教育至关重要。学术背景强的教师能够为学生提供更深入、更全面的理论指导，而行业经验多的教师则能够更好地将理论知识与实际操作相结合，为学生提供生动的实例。

（二）高职旅游教育师资队伍存在的问题和挑战

1. 学科结构不够合理

在一些院校中，学科结构可能存在不够合理的情况。由于旅游专业的复合性，需要多学科的融合，但有些院校的师资队伍过于单一，无法满足全方位的教学需求。

2. 教学水平参差不齐

教师的水平参差不齐是一个普遍存在的问题。一些教师可能缺乏实际操作经验，导致在实践教学中无法给予学生足够的指导。

3. 缺乏行业对接和合作

部分院校与旅游行业的合作相对较弱，缺乏与行业对接的机会。这使得师资队伍可能缺乏对行业最新需求和趋势的了解，影响了教学内容的实际应用性。

4. 科研任务较重

一些院校要求教师承担较重的科研任务，导致教师在科研上花费较多时间，可能影响其在实践教学中的投入。

5. 缺乏创新能力培养机制

由于高职旅游教育的特殊性，要求教师具备一定的创新能力。但目前一些院校缺乏创新能力培养机制，教师在教学中难以灵活运用新的教学理念和方法。

6. 缺乏培训机会

一些教师可能缺乏参与专业培训的机会，无法及时了解行业动态和新兴技术，导致在实践教学中无法引入最新的教学理论和方法。

二、高职旅游教育师资队伍特点与发展策略

师资队伍是高职教育的核心资源，直接关系到教育质量和学科发展。在不同类型的院校中，师资队伍的结构和特点有着显著的差异。

（一）高职旅游教育师资队伍的特点

1. 实践导向

高职旅游教育师资队伍普遍具有实践导向的特点。教师注重通过实际案例、实地考察、模拟操作等方式，帮助学生建立实际操作能力。实践导向的师资队伍有助于培养学生实际应用能力，使学生更好地适应旅游行业的需求。

2. 跨学科性

由于旅游专业的跨学科性质，高职旅游教育师资队伍通常涵盖管理学、文化学、地理学等多个学科领域。这种跨学科性的特点使得教师能够更全面地理解旅游行业的复杂性，为学生提供更为综合的知识体系。

3. 行业关联性

师资队伍与旅游行业的关联性较高，一些教师可能具备丰富的从业经验。这种行业关联性使得教师更了解行业的实际运作和发展趋势，有助于将最新的行业信息传递给学生。同时，行业经验也为教师提供了更多的实际案例，丰富了教学内容。

4. 高度互动性

高职旅游教育强调学生的实际操作能力，因此师资队伍通常具有高度的互动性。教师与学生之间的互动不仅体现在课堂教学中，还包括实地考察、模拟实训等环节。这种互动性有助于激发学生的学习兴趣，提高教学效果。

5. 创新能力培养

高职旅游教育强调培养学生的创新能力，因此师资队伍中通常注重创新能力的培养。教师在教学中鼓励学生提出新的观点、解决问题的创新方法，同时教师自身也需要具备创新意识，不断尝试新的教学方法和手段。

高职旅游教育师资队伍是推动专业发展和提升教育质量的关键因素。其结构和特点直接关系到学科建设和人才培养。面对行业发展的快速变化和教学环境的不断更新，高职旅游教育师资队伍需要不断调整自身结构，增强实践导向和创新能力。

（二）应对师资队伍面临问题的策略

1. 优化学科结构

院校应进行全面的学科结构分析，确保教师的分布能够覆盖旅游专业的各个方向。通过引入新的专业背景的教师，建立跨学科的师资队伍，以提高学科的整体水平。

2. 平衡学历层次

院校在招聘和培养师资队伍时，应该更加注重平衡学历层次。不仅需要高学历的教师担任理论性较强的课程，也需要注重实践经验的教师参与实际操作类课程的教学，以确保学生全面发展。

3. 鼓励实践经验的分享

院校可以设立实践经验分享的平台，鼓励有丰富行业实践经验的教师进行分享。这有助于传承实际操作技能和经验，提高学生的实际应用能力。同时，可以通过实地考察、企业实习等方式，加强学生与实际工作场景的联系。

4. 提升新技术应用水平

院校通过专业培训、组织教师参与行业展会、引入新技术教育专家等方式，提升教师的新技术应用水平。鼓励教师将新技术融入教学中，以培养学生适应现代旅游业的能力。

5. 管理科研任务

院校在制订科研任务时，要根据教师实际情况和教学任务的需求，合理分配科研任务。可以制订灵活的科研考核机制，注重实际教学效果，并提供相应的支持和奖励。

6. 提供职业发展机会

为教师提供更多的职业发展机会，包括参与国内外学术交流、职称晋升、行业实践等。院校可以建立健全职业发展体系，激发教师的工作热情和责任心，使其在教学和科研领域取得更好的成绩。通过提供发展空间，教师可以更好地适应不断变化的旅游行业需求，为学生提供更为优质的教育服务。

7. 制订流动机制

为了减缓师资队伍的流动性，院校可以制订更加稳定的人才流动机制。通过提供更好的薪酬待遇、职称晋升机制、培训机会等激励手段，留住有潜力的教师，建立稳定的团队。

8. 加强团队协作

鼓励教师之间的团队协作，建立相互之间的合作机制。通过多学科交叉、团队研究项目等方式，促进教师之间的合作，共同致力于学科发展和教育质量的提升。

9. 建立师德师风考核体系

建立健全师德师风考核体系，加强对教师教育教学态度、学科研究精神、学风建设等方面的考核。通过对师德的强调和考核，能够提高教师的教育教学水平，为学生树立良好的榜样。

10. 制订教师发展规划

院校可以制订教师发展规划，为每位教师量身定制个人发展路径。通过明确职业发展目标、提供相应的培训和支持，激励教师在自己的领域取得更大的成就。

高职旅游教育领域的师资队伍面临多方面的问题和挑战，但这也是院校发展的机遇。通过科学合理的管理和改进，可以有效提高教育质量，更好地适应行业需求。关键在于院校要具备前瞻性的战略眼光，制订科学合理的政策和措施，不断提升师资队伍的整体素质。师资队伍问题的解决需要院校、教师和行业的共同努力，共同促进高职旅游教育事业的健康发展。通过共同努力，高职旅游教育可以更好地适应社会需求，培养更加优秀的旅游专业人才。

第二节　高职旅游师资培训与专业知识更新机制

一、制订师资培训计划与内容

（一）概述

高职旅游教育师资队伍是推动专业发展和提升教育质量的关键力量。为了适应不断变化的行业需求和教育模式的发展，制订科学合理的师资培训计划是至关重要的。

（二）师资培训计划的制订

1. 识别培训需求

在制订师资培训计划之前，首先需要对师资队伍的整体情况进行全面的调查和分析。这包括教师的学历背景、教学经验、科研水平、实践经验等方面的情况。通过问卷调查、座谈会、个别访谈等方式，全面了解教师对于培训的需求。

2. 设定培训目标

基于对培训需求的分析，制订明确的培训目标是非常关键的。培训目标应该与院校教育发展战略相一致，同时具备前瞻性，能够适应未来高职旅游教育的发展趋势。培训目标可以涵盖教学水平、科研能力、实践经验等多个方面。

3. 制订培训计划

根据培训需求和目标，制订详细的培训计划。培训计划应包括培训的时间安排、形式（例如短期集中培训、定期定点培训、在线培训等）、内容等。培训计划要具体到每一个环节，确保培训的系统性和针对性。

4. 确定培训形式

根据教师的实际情况和培训计划的需要，确定培训形式。传统的面对面培训、研讨会、实地考察等方式是常见的培训方式，而现代化的在线培训、虚拟仿真等技术手段也可以结合使用。灵活选择培训方式，以更好地适应教师的学习习惯和需求。

（三）师资培训内容

1. 教学理论与方法

培训内容的首要任务是提升教师的教学理论水平和教学方法。包括但不限于：

（1）课程设计与规划。帮助教师更好设计课程和制订教学计划，以提高整体课程的质量。

（2）教学方法与手段。探讨多样化的教学方法，包括互动式教学、案例教学、小组讨论等，以激发学生的学习兴趣。

（3）评价与反馈。帮助教师建立科学的评价体系，提供有效的反馈机制，促使教学不断改进。

2. 行业动态与实践经验

由于旅游行业的快速变化，教师需要及时了解行业的最新动态。培训内容可以包括：

（1）行业趋势与发展。分享行业最新的发展趋势，帮助教师更好地把握行业脉搏，调整教学内容。

（2）实践经验分享。邀请有丰富实际从业经验的专业人士分享经验，以提高教师对实际工作的理解。

3. 新技术应用与创新教育

现代技术在旅游行业的应用不断扩大，培训计划应该包括：

（1）虚拟仿真技术。介绍虚拟仿真技术在旅游教育中的应用，培训教师使用虚拟仿真工具进行实践操作。

（2）在线教育平台。指导教师使用在线平台进行教学，包括在线课程设计、互动功能的运用等。

（3）创新教学方法。引导教师运用创新的教学方法，例如问题解决教学法、项目驱动教学法等，以激发学生创造力和实际解决问题的能力。

4. 跨学科知识融合

高职旅游教育跨学科性强，培训计划可以涵盖：

（1）学科交叉融合。提供跨学科知识，使教师能够更好地整合不同学科的内容，提供更丰富的教学体验。

（2）跨行业合作。引导教师参与跨行业的合作，拓宽视野，使教学内容更加贴近实际需求。

5. 学科前沿与研究方法

培训内容应包括：

（1）学科前沿。引导教师关注学科前沿领域的最新研究成果，推动教师深入参与学科建设。

（2）研究方法。提供科学研究的方法和技巧，使教师更具研究能力，积极参与学术研究。

6.教育法律法规与职业道德

高职旅游教育涉及法律法规和职业道德等方面，培训计划应包括：

（1）法规学习。使教师了解相关法规，确保教学内容符合法规要求，保障教育质量。

（2）职业道德培养。强调教师的职业操守，提高教育教学过程中的职业素养。

7.团队协作与学科建设

培训计划可以包括：

（1）团队协作。提供团队协作培训，促进教师之间的合作，共同推动学科的发展。

（2）学科建设。引导教师参与学科建设，包括学科特色的打造、课程体系的完善等。

（四）培训实施与效果评估

1.培训实施

培训计划的实施需要有组织、有计划地进行。具体实施时可以采用多种方式，如组织专业讲座、邀请外部专家授课、组织座谈交流等。同时，可以引入现代化的在线学习平台，方便教师随时随地获取培训资源。

2.效果评估

在培训结束后，应该对培训效果进行评估。评估内容可以包括教师的知识水平提升、教学方法的改进、实践经验的积累等多个方面。可以通过问卷调查、教学观摩、学科竞赛等方式，获取对培训效果的客观评价。

（五）培训成果的应用与分享

1.应用成果

培训成果应该得到实际应用，帮助教师更好地投入到教学工作中。具体应用包括：

（1）课程设计。教师能够更有针对性地设计和规划课程，提高教学效果。

（2）教学方法。教师能够灵活运用不同的教学方法，增强学生的学习兴趣。

（3）科研水平。教师能够更好地参与学科研究，提高学科水平。

2. 分享经验

鼓励教师分享培训过程中形成的经验。可以通过组织教学研讨会、学术交流会、撰写教学论文等方式，将培训的经验分享给其他教师。这有助于形成良好的培训氛围，促进师资队伍共同提高。

3. 制订长效机制

培训计划应该制订长效机制，使培训不仅是一次性的活动，而是能够形成长期、稳定的培训机制。可以建立师资培训档案，记录每位教师的培训情况和效果，为日后的培训提供参考。

4. 进行教学评估

通过定期的教学评估，了解培训对教学工作的实际影响。评估结果可用于不断优化培训计划，更好地迎接高职旅游教育领域的新挑战。

（六）培训计划的优化与改进

1. 定期评估与反馈

定期对师资培训计划进行评估，收集教师的反馈意见，了解培训的实际效果。通过问卷调查、座谈会等方式，发现问题，及时调整培训计划，保证其科学性和实用性。

2. 结合个体差异

考虑到不同教师的差异性需求，可以结合个体差异制订差异化培训计划。为有不同专业背景、教学经验的教师提供个性化的培训内容，确保培训的精准度和有效性。

3. 引入外部资源

邀请外部专业培训机构或专业人士，为师资培训计划注入新的思维和理念。外部资源的引入有助于提供更为全面、专业的培训内容，促使教师不断更新知识储备。

4. 推崇学习型组织文化

倡导学习型组织文化，鼓励教师持续学习、不断进步。通过设立学术研讨会、教学沙龙、在线学习社区等平台，建立起师资队伍之间的学习共同体，形成持续学习的氛围。

师资培训计划是高职旅游教育体系中的重要组成部分，对于提升教育质量、适应行业需求至关重要。通过明确的培训目标、科学的培训计划和多样化的培训内容，可以使师资队伍不断提升自身水平，更好地服务于学生和行业。在培训实施的同时，应不断进行评估和改进，形成持续发展的培训机制，确保培训工作的长效性和实效性。通过全员参与、差异化培训、外部资源引入等手段，构建高职旅游教育的学习型组织文化，为师资队伍的全面提升提供有力支持。师资培训计划的成功实施将为高职旅游教育事业的可持续发展注入源源不断的活力。

二、探讨师资队伍专业知识更新的机制

（一）概述

在高职旅游教育领域，师资队伍的专业知识更新是保持教育质量、适应产业变革的关键。随着旅游业的不断发展和变化，师资队伍需要及时获取最新的行业信息、教学方法和科研成果。

（二）专业知识更新的重要性

1. 适应行业发展

旅游行业一直处于不断创新和发展的阶段，新的旅游业态、新的技术手段不断涌现。师资队伍的专业知识更新可以使教育体系更好地适应行业的发展趋势，提供与时俱进的教学内容。

2. 提高教学质量

随着专业知识的更新，教师能够更准确地把握学科的前沿动态，更好地开展教学工作。这有助于提高教学的深度和广度，为学生提供更为丰富、实用的知识体验。

3. 促进科学研究

师资队伍的专业知识更新也直接关系到科学研究的深度和广度。教师通过了解最新的理论和方法，可以更好地指导学生进行科研活动，推动学科的发展。

4. 提升学科声望

专业知识的更新使得师资队伍在学科领域中更具权威性，能够更好地代表学科，提升学科的声望。这对于吸引更多的学生、进行国际学术交流等方面都具有积极的影响。

(三)专业知识更新的机制

1. 师资培训计划

建立定期的师资培训计划是专业知识更新的基础。培训计划应包括行业最新动态、教学方法、科研前沿等内容,通过不同形式的培训活动,确保教师能够及时获取新知识。

内容涵盖广泛:包括但不限于最新的旅游业发展趋势、新技术应用、实践经验分享等方面的内容。

形式多样:采用线上线下结合的方式,如研讨会、讲座、学术交流会等,以满足不同教师的学习需求。

差异化培训:针对不同教师的专业背景和职业需求,制订差异化的培训计划,确保培训的实用性和针对性。

2. 学术研究项目支持

鼓励教师参与学术研究项目,通过项目研究的过程中深入了解学科前沿。

项目立项:学校可以设立专门的项目立项通道,鼓励教师提交有关旅游领域的学术研究项目。

资源支持:提供项目经费、实验室设备、科研助手等资源支持,确保教师能够顺利完成研究项目。

成果展示:鼓励教师将研究成果在学术刊物、国际学术会议上展示,提高学科的学术水平。

3. 学术论文发表

鼓励教师积极参与学术论文的撰写和发表,以提高学科的学术水平。学校可以提供相应的奖励机制,鼓励教师在学术期刊上发表高水平的研究论文。

论文发表奖励:设立论文发表奖励制度,对于高水平的学术论文给予额外奖励,以激励教师积极投稿。

撰写指导:提供专业编辑和写作指导,帮助教师提高学术论文的撰写水平。

4. 产学研合作

推动师资队伍专业知识的更新。

实地考察与交流:安排教师参与实地考察和企业交流活动,使其亲身感受行业最新动态,获取实践经验。

行业专家讲座：邀请旅游行业的专业人士来校举办讲座，分享实际经验和最新行业动态，帮助教师了解行业发展方向。

行业合作研究项目：教师与旅游企业合作开展研究项目，深入参与行业问题解决，促使专业知识的实际应用。

5. 学术交流与国际合作

鼓励教师参与学术交流和国际合作，通过与国内外同行的交流合作，拓宽视野，了解国际旅游教育的最新发展。

学术会议参与：支持教师参与国际、国内学术会议，与同行学者进行深入交流，获取学科前沿信息。

国际研讨会：促进国际研讨会的开展，邀请国际专家进行学术交流，引入国际化视野。

合作办学项目：推动院校与国际高校合作办学项目，促进国际教育资源的共享。

（四）机制建设中的问题与对策

1. 资源支持不足

问题：院校在专业知识更新机制中可能面临资金、设备等资源支持不足的问题。

对策：争取更多的资金支持，可以通过申请校级、省级、国家级的科研项目或产学研合作项目，获取项目经费。此外，与企业建立深度合作关系，获取实际支持，共享资源。

2. 教师参与积极性不高

问题：一些教师可能由于各种原因对专业知识更新机制参与的积极性不高。

对策：建立激励机制，包括奖励制度、晋升机制等，以鼓励教师参与专业知识更新活动。此外，可以通过教研组、学科组的组织，营造学习氛围，提高师资队伍整体参与度。

3. 评价体系不健全

问题：缺乏科学、全面的评价体系，无法客观评价教师的专业知识更新水平。

对策：建立完善的评价体系，包括教学效果评价、科研水平评价、实践经验评价等多方面指标，确保评价体系的科学性和客观性。同时，定期进行自评和互评，促使教师自我认知、不断提高。

4. 与行业联系不紧密

问题：一些院校与旅游行业联系不够紧密，导致无法及时获取行业最新信息。

对策：建立健全产学研合作机制，加强与旅游企业的联系。可以通过签署合作协议、设立实习基地、建立联合研发中心等方式，促进院校与行业的深度融合。

师资队伍专业知识的更新是高职旅游教育体系发展的基石。通过建立科学合理的机制，包括师资培训计划、学术研究项目支持、产学研合作、学术交流与国际合作等多层次的机制，可以使师资队伍更好地适应行业发展，提高教育质量。同时，要解决机制建设中可能出现的问题，确保机制的顺利运行。通过持续的努力，高职旅游教育可以建立起有效的专业知识更新机制，为培养更优秀的旅游专业人才提供强有力的支持。

三、评估培训与更新机制的实际效果

高职旅游教育师资培训与更新机制的建立旨在提升教育水平、适应行业发展，但其实际效果需要通过科学、系统的评估来验证。

（一）评估指标的建立

1. 教学效果

指标：教学水平的提升、学生满意度、毕业生就业率。

评估方法：

（1）学科成绩分析。对师资培训后的教师进行学科成绩分析，比对培训前后的教学效果。

（2）学生满意度调查。定期进行学生满意度调查，获取学生对教学质量和师资水平的反馈。

（3）毕业生就业情况。跟踪毕业生的就业状况，评估培训与更新机制对毕业生就业的影响。

2. 科研水平

指标：科研项目数量、科研成果发表情况、专利申请情况。

评估方法：

（1）科研项目统计。记录教师参与的科研项目数量及项目经费，对比培训前后的数据。

（2）学术论文发表情况。收集教师在各类学术期刊、会议上的发表情况，评估其科研水平。

（3）专利申请数量。统计教师在培训后是否有专利申请，衡量培训对创新能力的提升。

3. 实践经验

指标：参与产业合作项目、实地考察活动的频率、实践课程的创新程度。

评估方法：

（1）产学研合作项目数量。记录教师与企业合作的项目数量，衡量教师实际参与产业合作的程度。

（2）实地考察频率。统计教师带领学生进行实地考察的次数，了解实际操作和实践活动的开展情况。

（3）实践课程创新。评估实践课程的设计与改进，检验教师是否将培训中获取的新知识运用于实际教学。

（二）定性与定量相结合的评估方法

1. 定量数据分析

通过收集定量数据，如教学成绩、学术论文发表数量等，采用统计学方法进行分析。比较培训前后的数据差异，判断师资培训与更新机制是否对教学和科研水平产生显著影响。

2. 定性数据分析

通过学生满意度调查、教师的个人感受反馈等定性数据，分析师资培训与更新机制对个体和整体的影响。定性数据能更全面地反映师资队伍在培训后的变化，如教学态度、教学方法的创新等。

3. 学科特点分析

不同学科具有不同的特点，因此在评估时需要考虑学科的特殊性。对于高职旅游教育而言，可以结合行业需求、专业发展趋势等方面，分析师资培训与更新机制对学科的促进作用。

（三）评估案例分析

1. 教学效果评估

通过分析培训前后学生的平均成绩、通过率等数据，以及学生满意度调查的结果，可以得出教学效果的评估结论。例如，培训后学生的平均成绩是否有所提升、通过率是否有增加，学生对教学质量的满意度是否有明显改善等。

2. 科研水平评估

通过收集培训后教师参与的科研项目数量、发表的学术论文数量以及是否有专利申请等数据，对科研水平进行评估。比如，培训后科研项目的数量是否有所增加、论文发表的质量和数量是否提升、是否有新的专利申请等。

3. 实践经验评估

通过记录教师与企业合作的项目数量、实地考察的次数，以及实践课程的创新情况，对实践经验进行评估。例如，培训后是否有更多的产学研合作项目、实地考察是否变得更加频繁、实践课程是否有新的设计和改进等。

（四）持续改进的机制

1. 反馈机制

建立师资培训与更新机制的反馈机制，通过定期的评估和反馈，及时了解师资队伍在培训后的情况。可以通过定期座谈会、在线问卷调查等方式，收集教师的意见和建议，发现问题并及时解决。

2. 定期迭代

定期对培训与更新机制进行评估，根据评估结果进行相应的调整和改进。例如，根据教学效果评估发现某个领域的教学效果没有明显提升，可以针对性地增加相关培训内容；科研水平评估中发现发表论文的数量较低，可以加强论文写作培训等。

3. 多元评估视角

采用多元的评估视角，包括学生满意度、教学效果、科研水平、实践经验等多个方面。通过综合各个方面的评估结果，全面了解师资培训与更新机制的实际效果，避免单一视角导致评估结果的片面性。

4. 持续学习文化

建立持续学习的文化氛围，鼓励教师自主学习、参与培训。通过设立学术研讨会、教学沙龙、在线学习平台等，为教师提供学习的机会和平台，激发其自主学习的动力。

通过科学的评估，可以更全面、客观地了解高职旅游教育师资培训与更新机制的实际效果。评估结果将为机制的不断优化提供依据，保障师资队伍的质量和水平与行业需求同步发展。通过建立反馈机制、定期迭代、多元评估视角以及持续学习文化，可以确保评估的科学性和实用性，为高职旅游教育的师资培训与更新提供有力的支持。

第三节 高职旅游教育技术与师资队伍发展

一、教育技术在高职旅游教育中的应用

随着信息技术的飞速发展，教育技术在各级教育中的应用逐渐成为一种趋势，为教育提供了更多可能性。高职旅游教育作为培养实际操作技能和专业知识的领域，对教育技术的应用有着特殊的需求和机遇。

（一）虚拟仿真技术在旅游实践中的应用

1. 虚拟实景漫游

利用虚拟仿真技术，学生可以通过头戴式设备或平板电脑进行虚拟实景漫游。这种技术可以模拟真实旅游胜地的场景，让学生在虚拟环境中体验实际旅游过程，包括景点游览、导游讲解等。这不仅能够增强学生对实际景点的了解，还能提前培养学生在实地旅游中所需的导游能力。

2. 虚拟导游培训

通过虚拟仿真技术，可以模拟各种导游场景，进行人群管理、解说技巧、危机应对等方面的训练。学生可以在虚拟环境中进行导游实践，提高在实际导游工作中的应变能力。这种方式不仅可以在安全的环境中进行培训，还能够根据学生的实际表现进行反馈和评估。

3. 虚拟实验室

对于旅游管理专业，虚拟实验室可以模拟实际的酒店管理、旅游规划等

场景，让学生在虚拟环境中进行实际操作。通过虚拟实验室，学生能够更好地理解和掌握旅游管理的各个环节，提前积累实际操作经验。

（二）在线教学平台的建设与运用

1. 远程授课

建设在线教学平台，实现远程授课，能够解决地域限制，吸引更多的专业人士和专业教育者参与高职旅游教育。这种方式不仅可以提供更多的教学资源，还能够引入不同地域的旅游业发展经验，为学生提供更全面的视角。

2. 互动教学

在线教学平台提供了多样化的互动工具，如在线讨论、即时消息、在线问答等，可以促进学生与教师之间、学生之间的互动。这对于高职旅游教育来说尤为重要，可以培养学生在实际工作中需要具备的沟通与协作能力。

3. 异地实习与实践

通过在线教学平台，学校可以更好地组织和管理学生的实习和实践活动。学生可以在不同地域的旅游企业进行实习，而学校可以通过在线平台进行实习监管、实时反馈和成果展示。

（三）智能辅助教学工具的运用

1. 智能导学系统

利用人工智能技术，开发智能导学系统，根据学生的学习情况和兴趣，提供个性化的学习路径和推荐学习资源。这有助于满足不同学生的学科需求，提高学生学习的效果。

2. 智能评估系统

利用人工智能技术，开发智能评估系统，可以对学生的学习表现进行全方位的评估。系统可以通过数据分析、机器学习等手段，提供更为客观、全面的学生评估，为教师提供更科学的教学反馈。

3. 虚拟助教

利用智能辅助技术，开发虚拟助教系统，可以帮助教师管理课程、回答学生问题、提供学科知识等。虚拟助教可以在24小时内不间断地提供服务，解决学生学习中的问题，为学生提供更便捷的学习支持。

（四）教育技术在实际教学中的效果与挑战

1. 效果

（1）提高学生参与度

教育技术的应用可以使学习变得更加生动有趣，激发学生的学习兴趣，提高学生的学科参与度。

（2）个性化学习

教育技术可以根据学生的学习特点和水平，提供个性化的学习内容和学习路径，更好地满足学生的学科需求。

（3）提高教学效率

虚拟仿真技术和在线教学平台的应用，可以加强实践性学科的实操能力培养，提高教学效果。

2. 挑战

（1）技术设备投入成本

教育技术的引入需要投入大量的技术设备和平台建设成本。这对于一些资源较为有限的院校来说可能是一个较大的挑战。

（2）教师培训与素养

教育技术的应用需要教师具备一定的技术素养，因此需要开展教师培训，使教师能够更好地运用教育技术进行教学。

（3）教育技术的更新速度

教育技术的更新速度较快，院校需要不断跟进和更新教育技术，以保持教学内容的实时性和前瞻性。

（五）未来展望

1. 智能化个性化学习

随着人工智能技术的不断发展，未来有望实现更为智能化的个性化学习，根据学生的学科水平、学科兴趣等个体差异，提供定制化的学科内容和学科路径。

2. 虚拟现实与增强现实技术

虚拟现实（VR）和增强现实（AR）技术的不断发展，将更深度地应用于高职旅游教育中。学生可以通过 AR 技术在实地进行虚拟导游，提高实践能力。VR 技术也可以模拟更为真实的旅游场景，增强学生对实际工作环境的感知。

3. 教育大数据的应用

教育大数据的应用将为高职旅游教育提供更多的决策支持。通过对学生学科表现、学科偏好、学科需求等数据的分析，院校可以更好地了解学生的学科发展状况，为教学内容的调整和优化提供科学依据。

教育技术在高职旅游教育中的应用是推动教育创新和提升教学效果的重要手段。虚拟仿真技术、在线教学平台和智能辅助教学工具的运用，使学生能更加全面、深入地理解旅游管理专业的知识和技能。然而，教育技术的应用也面临一些挑战，如成本投入、教师培训等问题，需要院校在推进教育技术应用的同时，注重解决这些问题，确保教育技术的应用能够真正发挥效果。未来，随着技术的不断发展，教育技术在高职旅游教育中的应用将更加广泛，为培养更具实践能力的专业人才提供更好的支持。

二、提高师资队伍的技术水平与数字化能力

随着科技的不断发展和社会的数字化转型，高职旅游教育师资队伍需要不断提高技术水平与数字化能力，以更好地适应时代的发展潮流，为学生提供更优质的教育服务。

（一）技术水平与数字化能力的重要性

1. 时代需求与行业变革

旅游行业正迎来数字化和智能化的新时代，各类信息技术广泛应用于旅游业的各个环节，包括预订系统、虚拟导游、在线点评等。提高教师的技术水平与数字化能力，有助于教师更好地理解和应对行业的新变革，使教学更贴合实际需求。

2. 教育模式创新

数字化技术为教育带来了多元化的教学手段和方式，如在线教学、虚拟实验室、智能导学系统等。提高教师的技术水平，能够推动教育模式的创新，提升教学效果，使学生更好地适应数字时代的学习方式。

3. 提高学科竞争力

拥有高水平的技术和数字化能力将使教师更具竞争力。教师能够更好地应用先进的技术手段进行课程设计、教学实践，培养学生更为实用的技能，提高学科的吸引力和影响力。

（二）存在的问题

1. 数字鸿沟

在一些院校中，仍存在一些教师对于数字化工具比较陌生和不熟悉，形成了教师与技术之间的数字鸿沟。这种鸿沟不仅影响了教学效果，也限制了学生在数字化环境下的学习体验。

2. 教育培训滞后

教师培训跟不上科技的发展速度，一些教师在校园信息化建设中感到压力。院校在教师培训方面的投入有限，导致一些教师对于新技术的接受速度较慢。

3. 教学资源不足

在一些院校，由于教师技术水平和数字化能力的差异，导致教学资源的不均衡分布。一些教师可能难以充分利用数字资源进行教学，造成资源的浪费和不均匀的教学质量。

（三）提高师资队伍技术水平与数字化能力的策略

1. 制订专业发展计划

院校应该制订个性化的专业发展计划，鼓励并要求教师学习和掌握与其所教授专业相关的最新技术。这可以通过设定技术培训计划、提供学习资源和奖励优秀表现等方式来实现。

2. 加强教师培训

院校需要建立完善的教师培训体系，定期组织相关培训课程，使教师能够了解和掌握新兴技术。培训内容可以包括数字化教学方法、在线教学平台的应用、虚拟实验室的设计与使用等方面。培训形式可以包括线上课程、研讨会、集体备课等多种形式，以满足不同教师的学习需求。

3. 提供数字化教育资源

院校应投入更多资源，建设数字化教育资源库，为教师提供丰富的数字化教育资源。这包括各类在线课件、虚拟实验室模拟、数字化教材等，以满足不同教学需求。教师可以在教学中充分利用这些资源，提高课堂效果。

4. 激励与奖励机制

院校可以建立激励与奖励机制，对积极参与技术培训、应用数字化手段进行教学创新的教师进行表彰和奖励。这可以包括提供奖金、晋升机会、教学荣誉等多种形式，以激发教师提升技术水平和数字化能力的积极性。

5. 跨学科合作

院校可以推动不同学科教师之间的跨学科合作，促使数字技术在不同学科中的更广泛应用。通过跨学科合作，教师可以互相学习、借鉴经验，共同提升技术水平，形成一种良好的学术氛围。

6. 引进外部专业人才

院校可以引进外部专业人才，包括科技公司的专业人员、数字化教育领域的专家等，为学校提供专业支持和培训。外部专业人才可以通过讲座、工作坊、研讨会等形式，传授最新的技术知识和应用经验。

（四）建设数字化平台与在线社区

1. 建设数字化平台

院校可以建设数字化平台，提供给教师一个在线的学习和交流空间。这个平台可以包括在线课程、学术论坛、数字化教学案例分享等功能，方便教师随时随地获取相关信息和资源。

2. 创建在线社区

院校可以建立一个专门的在线社区，为教师提供一个交流和分享的平台。在社区中，教师可以分享自己的教学经验、技术应用心得，互相解答疑惑，形成良好的学习氛围。这样的社区还可以促进教师之间的合作与互助。

（五）实施与效果评估

1. 实施阶段

在实施过程中，院校需要建立起完善的监测和反馈机制。可以通过课程评估、教学观摩、教学案例分析等方式，及时了解教师的学习和应用情况，发现问题并及时进行调整。

2. 效果评估

建立科学的效果评估体系，评估教师技术水平与数字化能力的提升效果。

可以通过学生的评价、教学质量评估、课程成果等多个方面进行全面评估。及时调整教育培训计划，不断提升培训的有效性。

提高高职旅游教育师资队伍的技术水平与数字化能力是适应时代发展和推动高职旅游教育创新的必然要求。通过建设专业的数字化平台、加强师资培训、引入外部专业人才、搭建在线社区等手段，可以不断提升教师的技术水平，推动数字化技术在高职旅游教育中的广泛应用。这将有助于培养更具实际操作能力和创新精神的专业人才，为旅游行业的发展注入新的活力。

三、探讨技术对教学方法的改进与创新

随着科技的不断发展，教育领域也在逐步变革，技术对教学方法的改进与创新成为推动教育进步的关键因素之一。

（一）技术在教学中的作用

1. 提升教学效率

技术在教学中能够提供更高效、灵活的教学方式。通过数字化教学资源、在线教学平台等，教师可以更轻松地组织教学内容，实现随时随地的学习。

2. 个性化学习

技术为个性化学习提供了有力支持。智能化学习系统可以根据学生的学习特点和水平，提供个性化的学习路径和内容，满足不同学生的学科需求。

3. 拓展学科边界

在线教育和远程教学利用网络技术，使学科的传递不再受制于地域。学生可以通过互联网学习来自世界各地的知识，打破地域限制，拓宽学科边界。

4. 提高学生参与度

利用技术，教师可以通过多媒体、虚拟实验等方式呈现丰富生动的教学内容，提高学生的学科兴趣，增加学科参与度。

（二）技术对传统教学方法的改进

1. 多媒体教学

多媒体技术的引入使教学内容更加生动直观。教师可以通过图片、视频、音频等多媒体形式展示教学内容，提高学生对知识点的理解。

2. 虚拟实验室

传统实验室受到空间、设备等限制，而虚拟实验室通过模拟实验过程，使学生能够在数字环境中进行实验，提高实验效率，同时降低实验成本。

3. 在线讨论与互动

利用在线平台，学生可以参与到更广泛的学科讨论中，与同学、教师进行即时的互动。这种交流方式拓展了学科讨论的空间，促进了学生的思维碰撞。

4. 智能导学系统

智能导学系统通过分析学生的学科表现和学科需求，提供个性化的学科指导。这种方式可以更有针对性地帮助学生解决学科难题，提高学生学习效果。

（三）技术带来的教学方法创新

1. 倒置教室

倒置教室是一种以在线学习为基础的教学方法。学生在课堂上进行实际操作和讨论，而通过在线学习平台完成基础知识学习。这种模式颠覆了传统的教学流程，提倡学生主动参与学习。

2. 游戏化教学

利用游戏设计理念，将学科知识融入游戏中，通过竞争、奖励等机制激发学生学科学习的兴趣。这种方式使学科学习更具趣味性，提高学生学习的积极性。

3. 虚拟现实（VR）和增强现实（AR）

VR和AR技术在教学中的应用使学生能够身临其境地体验学科内容。例如，在旅游教育中，学生可以通过VR技术在虚拟景区中进行实地导览，提高实际操作能力。

4. 在线实训与实习

通过在线平台，学生可以进行更广泛的实训和实习，不受地域和资源的限制。这种方式提高了学生的实际操作能力，更好地满足行业对人才的需求。

（四）教学方法创新中的挑战与应对策略

1. 技术设备和平台投入成本

引入新的教学方法通常需要投入大量的技术设备和平台建设成本。院校需要合理规划投资，选择适合自身情况的技术方案，同时可以考虑引入一些开源或云端服务来降低成本。

2. 教师培训与素质提升

新的教学方法需要教师具备相应的技能和知识。院校应该加强对教师的培训，提高其数字素养和教学方法的应用水平。这可以通过组织培训课程、邀请专业人士进行指导等方式实现。

3. 学科内容与技术结合难度

将学科内容与技术有机结合是一个挑战。教师需要深入理解学科知识和技术应用，找到二者的融合点。院校可以鼓励教师开展跨学科的合作，建立跨学科的团队，以共同推动学科内容和技术的深度整合。

4. 学生适应期

学生对于新的教学方法可能需要一定的适应期。在引入新教学方法时，院校可以设置适应性的过渡阶段，通过慢慢引入新元素，逐步提高难度，帮助学生更好地适应和接受新的教学方式。

（五）未来展望

1. 智能化个性化学习

随着人工智能技术的不断发展，未来有望实现更为智能化的个性化学习。通过分析学生的学科特点、学科水平和学科需求，智能系统可以为每个学生提供定制化的学科学习方案，更好地满足个性化学习需求。

2. 虚拟现实和增强现实的广泛应用

随着虚拟现实（VR）和增强现实（AR）技术的成熟，它们将在教学中得到更广泛的应用。这将使学科内容更加生动、具体，学生可以通过虚拟情境亲身体验学科知识，提高学科学习的趣味性和深度。

3. 更多跨学科整合

未来的教学方法创新将更加注重跨学科的整合。学科知识和技术应用将更加紧密地结合在一起，为学生提供更为全面和实用的学科培训。

4. 强化实践性学科教育

技术的不断创新将强化实践性学科教育。通过在线实训、虚拟实习等方式，学生将更多地参与实际操作，提高实际应用能力，更好地为未来的职业发展做好准备。

技术对教学方法的改进与创新是教育领域发展的必然趋势。从多媒体教学、虚拟实验室到倒置教室、游戏化教学，技术不断推动着教学模式的革新。然而，这一变革过程中也面临着一系列的挑战，包括技术投入成本、教师培训和学科内容与技术结合等方面。

未来，随着科技的不断发展，智能化、虚拟化和跨学科整合将成为教学方法创新的重要方向。院校需要在引入新教学方法时，注重教师培训、学生适应，努力解决技术创新中的各种挑战，使技术在教育中更好地服务于学科学习和学生发展。通过不断创新，教学方法将更贴近学生需求、更符合实际应用，为培养具有创新能力和实践能力的专业人才打下坚实基础。

第四节　高职旅游师德师风建设与教学质量提升

一、师德师风在高职旅游教育中的重要性

高职旅游教育作为培养旅游专业人才的重要途径，不仅需要传递专业知识与技能，更需要注重培养学生的综合素质，其中师德师风作为教师的核心价值观和职业道德规范，对于塑造学生的人格品质、职业操守以及社会责任感具有重要的影响。

（一）师德师风的概念与内涵

1. 师德的定义

师德是指教师在从事教育活动中应具备的良好道德品质和职业道德规范，是一种在职业实践中的职业道德修养和行为规范。具体体现为教师对学生的关爱、尊重，对教育事业的热爱和责任心，以及对社会的责任感。

2. 师风的内涵

师风是指教师的风范和作风，是一种在教育工作中形成的良好品德和处事方式。师风主要包括教师的为人处世、教书育人、学科研究和社会服务等方面的表现，是一种为学生树立榜样的教育氛围。

（二）高职旅游教育中师德师风的重要性

1. 塑造学生的道德品质

旅游行业作为服务性行业，注重人际交往和团队协作。在这样的背景下，教师的良好师德师风将对学生的道德品质产生深远影响。教师的榜样作用能激发学生的责任感、团队协作精神以及服务意识，培养学生积极向上的人格特质。

2. 培养学生的职业操守

高职旅游教育的目标之一是培养学生具备较高的职业素养。教师通过身体力行的示范，引导学生在实际工作中保持职业操守，如言行一致、恪守承诺、勤勉敬业，从而提高学生的职业道德水平。

3. 传递文化价值观念

师德师风是一种文化的传递和沿袭。在高职旅游教育中，教师不仅仅是知识的传递者，更是文化价值观念的传承者。通过言传身教，教师能够将社会公德、职业操守等文化价值观念传递给学生，使其在日常行为中表现出对社会的尊重和对职业的热爱。

4. 构建良好的教育环境

良好的师德师风有助于构建积极向上的教育环境。教师之间相互尊重、团结协作，形成共建共享的教育氛围，将使学生更愿意参与学习，形成学科合作和学科交流的习惯，提高整个院校的教育品质。

（三）高职旅游教育中师德师风的实践策略

1. 强化教师的师德培训

院校应当加强对教师的师德培训，使其更加深入理解师德的内涵和重要性。培训内容可以包括职业道德规范、教育法律法规、学科知识更新等方面，以提高教师对师德的认识水平。

2. 建立师德师风评价机制

院校可以建立完善的师德师风评价机制，通过学生评教、同行互评等方式，对教师的师德师风进行定期评估。通过评价结果，及时发现并纠正存在的问题，激励教师积极向上的职业操守。

3. 加强学科与实际结合

师德师风的建设需要与实际教育工作相结合，将道德规范融入实际教学、实践活动中。通过在实际案例分析、模拟实践等教学方式中引入职业道德讨论，使学生更好地理解和应用师德师风。

4. 创建师生互动平台

建立师生互动平台，为学生提供一个表达对教师师德师风评价的渠道。通过在线问卷、意见箱等形式，收集学生对教师的师德评价和建议，使学生参与到师德师风建设的过程中来，增强学生对教育事业的责任感。

5. 设立师德师风奖励机制

建立师德师风奖励机制，对在师德师风建设中做出杰出贡献的教师进行表彰和奖励。这可以包括年度最佳师德奖、优秀师风教师等奖项，通过奖励机制激发教师的积极性，推动师德师风建设向更高水平发展。

6. 加强团队建设

教育是一个团队合作的事业，师德师风建设需要全体教师的共同努力。院校可以组织教师参与师德师风建设的团队活动，促进教师之间的交流与合作，形成共建共享的团队文化。

（四）师德师风建设的挑战与应对策略

1. 价值观差异

挑战：教师和学生在价值观念上存在一定的差异，可能导致对师德师风的认知存在分歧。

应对策略：建立多层次的师生互动机制，开展定期的沟通和交流活动，促进师生之间的共鸣，逐步形成共同的价值观基础。

2. 时代变革

挑战：社会在不断发展，时代变革可能对传统的师德师风观念提出新的挑战，需要不断更新。

应对策略：院校应紧跟时代发展，及时调整和更新师德师风建设的内容，结合时代特点进行相关培训和引导。

3. 教师个体素质差异

挑战：教师个体素质存在一定差异，部分教师可能在师德师风建设上存在短板。

应对策略：通过定期的师德培训、交流分享等方式，帮助教师发现和弥补自身在师德师风方面的不足，形成共同提高的势头。

在高职旅游教育中，师德师风的重要性不可忽视。通过加强教师的师德培训、建立评价机制、推动团队建设等具体措施，可以有效提升教师的师德水平,培养学生正确的职业操守和良好的社会责任感。在不断面对挑战的同时,通过积极的应对策略,可以推动师德师风建设在高职旅游教育中取得更加显著的成果,为培养具有高素质旅游专业人才奠定坚实的基础。

二、建立师德师风评价与激励机制

师德师风是教育事业中至关重要的一环,对于塑造学生的品格、推动教育事业的发展具有不可替代的作用。为了更好地培养高素质的人才、提高教育质量,建立师德师风评价与激励机制显得尤为重要。

(一)建立师德师风评价与激励机制的背景与意义

1.背景

在当今社会,教育已经不仅仅是传授知识,更是培养学生的全面素养。而良好的师德师风是教师履行职责、实现教育目标的重要保障。因此,建立师德师风评价与激励机制成为推动教育事业健康发展的需要。

2.意义

激励教师积极向上的职业操守:建立评价与激励机制,可以对教师的师德师风进行激励,可以促使他们更加关注学生的全面发展,提高教学质量。

推动教育质量提升:建立评价与激励机制,有助于发现并纠正教师在师德师风方面的不足,从而提高整体教育质量,为学生提供更好的教育服务。

塑造学校文化氛围:建立评价与激励机制,可以形成积极向上的学校文化氛围,为院校建设提供有力支持。

(二)建立师德师风评价与激励机制的具体实施策略

1.制订明确的评价指标体系

建立师德师风评价与激励机制首先需要建立明确的评价指标体系,包括但不限于:

(1)学科知识水平。教师是否具备扎实的学科知识,是否能够为学生提供全面的学科指导。

(2)教学方法与效果。教师是否采用合适的教学方法,以及是否能够取得良好的教学效果。

(3)师德表现。教师对学生的关爱、尊重,是否言行一致,是否能够成为学生的榜样。

2.进行多维度的评价

不仅要关注教师的教学水平，还要关注其与学生、同事之间的相处方式，以及是否积极参与学校的各项活动。多维度的评价有助于全面了解教师的师德师风表现。

3.引入同行评价和学生评价

除了由学校内部进行评价，可以引入同行评价和学生评价。同行评价可以促使教师相互学习、共同进步，而学生评价则是了解教师实际师德师风表现的一个重要途径。

4.制订激励机制

制订激励机制，包括但不限于：

（1）奖励制度。设立师德师风奖励，对在师德师风方面表现出色的教师进行表彰，并给予相应奖金或荣誉。

（2）晋升机制。在职称评定中增设与师德师风相关的评价指标，通过良好的师德表现帮助教师获得更高的职称。

5.定期开展培训和交流活动

定期组织师德师风培训和交流活动，邀请专业人士举办讲座，分享先进经验和教学心得。通过培训和交流，教师可以不断提高自身的师德师风水平。

（三）建立师德师风评价与激励机制可能面临的挑战与应对策略

1.挑战：主观评价难以客观化

评价师德师风往往涉及主观因素，难以客观化和量化，容易受到个人情感和立场的影响。

应对策略：建立科学的评价指标和评价体系，确保评价过程尽可能客观、公正。引入多元化的评价方式，包括同行评价、学生评价等，综合多方面的观点进行评估。

2.挑战：激励机制可能带来不公平

激励机制的设计需要考虑到每位教师的特殊情况，以免因为个别因素导致激励机制带来不公平。

应对策略：制订激励机制时，要结合教师的实际表现和个人成长情况，确保奖励和晋升机制的公平性。定期对机制进行评估和调整，确保其适应教育事业的发展。

3. 挑战：评价结果可能引发教师抵触情绪

部分教师可能对师德师风评价存在抵触情绪，担心评价结果不准确或被误解。

应对策略：建立透明、公开的评价机制，让教师对评价流程和标准有清晰的认知。同时，注重对教师的沟通和解释工作，帮助他们理解评价的意义和目的，从而避免抵触情绪的产生。

4. 挑战：师德师风评价与教学成果评价的平衡

在评价体系中，师德师风评价与教学成果评价的平衡是一个关键问题，如何权衡二者可能成为挑战。

应对策略：确保评价体系的全面性，既要关注教学成果，也要注重师德师风。可以通过制订合理的权重分配，以及综合多方面的评价指标来实现平衡，确保全面而科学的评价。

建立师德师风评价与激励机制是推动教育事业健康发展、提升教育质量的关键一环。通过制订明确的评价指标、引入多维度的评价、建立科学的激励机制，可以激发教师的积极性，推动其更好地履行教育使命。然而，在建立机制的过程中，需要面对一系列挑战，包括主观评价难以客观化、激励机制可能带来不公平等问题。为了应对这些挑战，需要不断改进评价体系，保持其科学性和公正性，同时加强对教师的宣传和解释工作，帮助其更好地理解和接受评价结果。只有在不断探索和实践中，建立起科学、合理的评价与激励机制，才能更好地促进教师的师德师风建设，提升整体教育质量。

三、师风建设与教学质量的关系与影响

师风建设和教学质量是高职教育事业中两个密切关联、相互影响的方面。良好的师风不仅是一所院校的文化体现，更是提高教学质量的基础。

（一）师风建设对教学质量的影响

1. 师风建设的内涵

师风是指教师在从事教育工作时的为人处事风格和行为规范。良好的师风包括教师的为人正直、言传身教、关爱学生等多个方面。师风建设旨在通

过规范和培养教师的良好品德，为院校创造积极向上的文化氛围。

2.师风建设对教学质量的重要性

榜样效应：良好的师风可以为学生树立良好的榜样，激励学生向教师学习，促进学生的全面发展。

教学氛围：良好的师风有助于形成积极向上的教学氛围，增强师生之间的信任和合作，为教学提供良好的环境。

学科认同感：良好的师风有助于学生对所学学科的认同感，提高学生的学科兴趣和学习积极性。

（二）师风建设对教学质量的积极影响

1.塑造良好的教育文化

师风建设有助于塑造积极向上的教育文化。教育文化是院校内部的一种价值观念和行为规范，良好的师风是教育文化的体现，能够激发教师的责任感和使命感，为院校注入正能量。

2.提高教师的教育素养

良好的师风有助于提高教师的教育素养。教育素养包括专业知识水平、教育方法的灵活运用以及对学生的关爱等方面。通过师风建设，教师能够更加关注学生的全面发展，提高自身的教育水平。

3.增强师生之间的信任关系

师风建设有助于增强师生之间的信任关系。教师在言传身教中展现的为人正直和真诚关怀，使学生更愿意与教师建立良好的互动关系。有了信任基础，教师更容易引导学生积极参与学科学习，促进教学质量的提升。

4.激发学生学习兴趣

良好的师风可以激发学生的学习兴趣。教师的教育态度和对学科的热爱会在教学过程中传递给学生，从而使学生对学科产生浓厚的兴趣。学生在积极的学科氛围中更容易投入学习，提高学习主动性。

（三）通过师风建设促进教学质量提升的策略

1.制订明确的师风建设目标

院校应当制订明确的师风建设目标，包括规范教师的行为规范、培养教师的育人意识等方面。这些目标应当与学校整体教育目标相一致，为师风建设提供明确的指导。

2. 注重师德培训与引导

为教师提供师德培训和引导，使其深入了解良好师风的内涵和重要性。培训内容可以包括职业道德规范、学科知识更新等方面，使教师更好地履行自己的教育职责。

3. 建立师德师风评价机制

建立科学的师德师风评价机制，引入同行评价和学生评价等多元化的评价方式，全面了解教师在师德师风方面的表现。通过评价结果，发现并激励表现优秀的教师，促进整体师德水平的提升。

4. 建立师生成长机制

建立师生成长机制，通过定期的个人成长计划、导师制度等方式，为教师提供发展空间，鼓励其在教学和师德师风方面不断进步。成长机制可以涵盖教学方法的创新、学科研究的深入等多个方面，形成全方位的成长路径。

5. 增加教师间的交流互动

促进教师之间的交流互动，营造积极向上的教育氛围。院校可以组织定期的教育沙龙、教学研讨会等活动，为教师提供交流和分享的平台，让教师从彼此的经验中受益，进一步提高整体教育质量。

6. 强化师生互动

建立良好的师生互动机制，让师生之间更加贴近，形成亲师亲生的关系。这可以通过学生参与评价、教师走进学生家庭、定期的座谈会等方式实现。通过更紧密的师生联系，教师可以更好地了解学生的需求，调整教学策略，提高教学效果。

师风建设与教学质量密切相关，良好的师风不仅有助于提高教学质量，也是塑造院校良好文化的关键。通过制订明确的目标、加强师德师风培训、建立评价机制、创建师生成长机制等措施，院校可以有效促进师风建设，进而提升教学质量。在今后的教育实践中，院校和教育管理者应当更加重视师风建设工作，通过不断探索创新，推动院校师风建设与教学质量的共同提升。

第五节　高职旅游教育师资队伍的激励机制

一、设立激励师资队伍的政策与措施

师资队伍是教育事业的核心，其素质和积极性直接影响教育的质量和发展。为了吸引、激励和留住优秀的教育人才，各级政府和院校需要制订一系列激励政策和措施。

（一）政策方面的激励措施

1. 薪酬激励

（1）差异化薪酬

设立差异化的薪酬体系，根据教师的职称、教龄、学科特长等因素进行合理区分，使薪酬更具有激励性。在薪酬激励方面，可以引入绩效工资制度，根据教学成果、科研成果等进行评定。

（2）特殊津贴与奖金

设立特殊津贴和奖金制度，对在教学、科研、社会服务等方面表现出色的教育人才给予额外的奖励。这可以包括课题经费、学术会议费用报销、科研成果奖金等。

2. 事业发展激励

（1）职称晋升机制

建立合理的职称晋升机制，为教师提供明确的晋升通道。制订评审标准，鼓励教师在教学、科研、社会服务等方面取得更多的成绩，以获取更高的职称。

（2）专业发展培训

提供专业发展培训机会，支持教师参加学术研讨、国际交流等活动。鼓励其提升自身的学科水平和教育理念，不断提高专业素养，推动教育事业的创新与发展。

（二）机制方面的激励措施

1. 绩效评估体系

建立科学、客观的绩效评估体系，定期对教师的教学、科研、社会服务等方面进行评估。通过绩效评估，对表现出色的教师进行激励，同时发现并帮助改进存在问题的教师。

2.课程评价机制

建立课程评价机制，允许学生、同行和教育管理者对教师的教学进行评价。通过搜集多方反馈，不仅能够激励表现优秀的教师，还能够为教学改进提供有力支持。

3.师资队伍交流机制

建立跨学科、跨地域的师资队伍交流机制，鼓励教师参与其他学校、科研机构的合作项目，拓宽视野，提高综合素质。这有助于培养更具创造力和活力的师资队伍。

（三）文化方面的激励措施

1.学术文化建设

倡导学术文化，鼓励教师积极参与学术活动、发表学术论文、主持科研项目等。通过树立学术榜样，激发更多教师的学术热情，促进学术氛围的形成。

2.教育创新文化

推崇教育创新文化，鼓励教师在教学方法、教材编写、课程设计等方面进行创新实践。设立教育创新奖励，对取得显著成果的教师给予表彰。

（四）社会方面的激励措施

1.产学研合作机制

建立产学研合作机制，鼓励教师参与校企合作、产学研项目。这不仅为教师提供更广阔的职业发展空间，还能促进教育实践与社会需求的有效对接。

2.社会荣誉评选

定期举办教师社会荣誉评选，对在教育领域取得杰出成就的个人和团队进行表彰。这不仅能够提高教师的社会声誉，还能够激发其更高水平的工作热情。

（五）监督与评估

1.多维度评估

建立多维度的教师评估体系，综合考量教学、科研、社会服务等方面的表现。这样的评估体系能够更全面地反映教师的综合素质，确保激励机制更加公正和合理。

2. 反馈机制

建立有效的反馈机制，及时向教师反馈评估结果，并为其提供个性化的发展建议。通过明确的评估标准和个性化的反馈，教师能更清晰地了解自身的优势和不足，有针对性地进行提升。

（六）政策与措施的落地执行

1. 完善法规制度

政府和相关教育管理机构应制订完善的法规制度，明确激励政策的具体内容、实施标准和相关流程。这有助于提高政策的操作性和透明度，确保激励政策的落地执行。

2. 提供财政支持

政府可以通过增加对教育事业的财政支持，确保激励政策的经济可行性。这包括增加教育预算、设立专项资金用于奖励与激励，为教师提供更多的发展机会。

3. 宣传推广

政府和院校应当加强激励政策的宣传推广工作，让教师充分了解相关政策和措施。透明的政策宣传可以增加教师的参与度，确保政策的有效执行。

4. 加强监督与评估

建立有效的监督与评估机制，对激励政策的执行情况进行定期评估。这有助于及时发现问题、总结经验，为政策的调整和优化提供有力支持。

（七）激励师资队伍的政策与措施的优势

1. 提高教育人才积极性

激励政策和措施能够有效提高教师的积极性，鼓励他们更加努力地投入到教学、科研和社会服务中，推动整个教育事业的进步。

2. 优化教育人才队伍结构

通过科学合理的激励政策，可以吸引更多优秀的人才加入教育队伍，提升整体队伍素质，促使教师队伍更加多元、专业化。

3. 提高教育质量

激励政策的落实能够激发教师的工作热情，提高他们的教学水平和科研水平,从而提高教育质量,培养更多高素质的学生。

4. 推动教育创新

为教师提供发展机会和创新空间,能够推动教育创新的发生。这有助于引领教育事业的变革和发展,适应社会需求的不断变化。

激励师资队伍的政策与措施对于提高教师的积极性、促进队伍结构优化、提高教育质量和推动教育创新具有重要作用。在政策制订上,要充分考虑不同层次、不同领域的教师的特点和需求,制订差异化的激励政策。在执行中,要加强监督与评估,确保政策的有效执行。通过科学合理的政策和措施,共同努力提升教师的整体素质,推动教育事业的可持续发展。

二、建立教学与科研业绩的评估标准

教学与科研是院校教师工作的两个核心方面,对于提升教育质量、推动学科发展至关重要。为了确保对教学和科研业绩的全面评价,院校需要建立科学合理的评估标准。

(一)教学业绩评估标准

1. 教学效果

(1)学生学业成绩

评估教师教学效果的一个重要指标是学生的学业成绩。这不仅包括学生在考试中的表现,还应考虑到学科竞赛、实践能力培养等方面的综合表现。

(2)学生评价

学生是直接受益者,因此他们的评价是重要的参考。学生评价可以通过定期的课程评价问卷、教学反馈等方式进行,以获取对教学内容、教学方法和教师态度的反馈。

2. 教学方法与手段

(1)教学设计

评估教学方法与手段首先要考察教师的教学设计能力,包括教学目标的明确性、课程设置的科学性、教学资源的充分利用等方面。

(2)多样化教学手段

鼓励教师采用多样化的教学手段,包括课堂讲授、案例分析、实践教学等，以满足不同学生的学习需求，提高教学的灵活性和适应性。

3. 教学团队合作

（1）团队协作

鼓励教师参与教学团队合作，共同探讨教学方法、共享教学资源，提高整体团队的教学水平。评价标准可以包括团队合作的频率、成果等。

（2）课程建设

评估教学团队的课程建设能力，包括新课程的设计、教材编写等方面，以确保教学内容与时俱进、符合学科发展趋势。

（二）科研业绩评估标准

1. 学术论文与著作

（1）论文数量与质量

考核教师发表的学术论文数量和质量，可以通过期刊的影响因子、论文被引用次数等指标来评估。同时，要注重不同学科领域的差异，合理设置标准。

（2）学术著作

评估教师是否参与或独立完成学术著作的编写，对于一定领域内的学术贡献有很大的意义。可以考虑出版社级别、学术影响力等来评价学术著作的质量。

2. 科研项目

（1）项目数量和经费

考核教师主持或参与的科研项目数量和经费。这直接反映了教师在科研领域的活跃程度和受到学术界认可的程度。

（2）项目成果

评估科研项目的实际成果，包括论文发表、专利申请、技术转让等，以全面了解教师在项目中的贡献和实际价值。

3. 学术活动与交流

（1）学术会议参与

评价教师是否积极参与学术会议，包括参会次数、报告次数等，以反映其在学术交流中的活跃程度。

（2）学术社团与组织

鼓励教师加入学术社团，参与学术组织，评估其在学术活动中的组织与贡献。

（三）综合评估标准

1. 教学与科研的平衡

为了避免教学与科研之间的单一偏向，综合评估标准应当考虑到教师在教学和科研之间的平衡。例如，可以通过分配权重，使得两者的贡献都能得到合理的重视。

2. 教学科研一体化

鼓励教师在教学中融入科研成果，将科研的新知识、新方法运用到教学实践中。评估标准可以包括科研成果在教学中的应用效果、学生的实际受益等方面。

3. 社会服务与应用

考虑教师的社会服务和应用能力，包括为社会提供的咨询服务、参与社区项目、为产业提供解决方案等。通过这方面的评估，可以更全面地反映教师在社会中的责任担当和实际影响力。

4. 团队合作与学科交叉

评估教师是否积极参与学科交叉、团队合作等活动，以推动学科交叉融合，促进创新与跨学科研究。

5. 培养学生创新能力

评估教师是否通过科研项目、实践活动等方式，积极培养学生的创新能力。评估标准可以包括学生参与科研的数量、获奖情况等。

（四）制订评估标准的原则与方法

1. 公平公正原则

评估标准的制订要遵循公平公正的原则，确保对不同学科领域、不同背景的教师一视同仁。要避免单一指标导致片面评价，而是采用多指标综合评估。

2. 激励与引导原则

评估标准不仅是对教师的一种约束，更应该是一种激励和引导。通过设定明确的目标和奖励机制，鼓励教师在教学和科研方面取得更好成绩。

3. 参与与透明原则

制订评估标准应当充分考虑到教师的意见，建立一个透明公开的制订过程。可以通过座谈会、调查问卷等方式，听取教师的建议，确保评估标准的科学性和合理性。

4. 动态调整原则

评估标准不是一成不变的，要根据学科发展、社会需求和教育改革的变化进行动态调整。需要建立定期评估和调整机制，确保评估标准的及时性和适应性。

5. 多层次评价原则

评估标准应当具有多层次性，既考虑到整体水平，又能对个体差异进行合理的区分。可以通过设定不同级别的评价标准，适应不同层次和阶段的教师。

（五）评估标准的实施与管理

1. 制订明确的评估流程

制订明确的评估流程，包括评估的时间节点、评估的程序步骤、评估的参与人员等。确保评估工作的有序进行。

2. 提供培训和指导

对于教师，特别是新进教师，需要提供相关培训和指导，使其了解评估标准和评估流程。同时，提供评估标准的解读和案例分析，帮助教师更好地理解标准。

3. 激励机制的建立

设立激励机制，对于在评估中表现优秀的教师给予奖励，可以是荣誉、晋升、薪酬等方面的激励，以鼓励教师积极参与评估。

4. 定期评估与调整

建立定期评估机制，对评估标准进行定期检讨和调整。通过周期性的评估，可以及时发现问题、总结经验，提高评估标准的科学性和有效性。

三、分析激励机制对师资队伍的激发与激励效果

高职师资队伍是推动教育事业发展的重要力量，如何激发和调动师资队伍的积极性、创造性，提高其工作质量和效益，一直是高职院校管理的重要

问题。激励机制作为管理手段之一，在高职院校中具有重要的作用。

（一）激励机制的定义与分类

1. 激励机制的概念

激励机制是通过一系列的制度和政策来调动和激发员工的工作积极性，使其更好地为组织的目标而努力。激励机制包括物质性和非物质性两大类，涉及薪酬、晋升、培训、荣誉等方面的激励手段。

2. 激励机制的分类

激励机制可以分为内部激励和外部激励两类。

（1）内部激励

内部激励是指通过改善工作环境、提供发展机会、强化工作使命感等方式来激发员工的内在动力。这类激励关注员工个体的需求、成就感和自我提升。

（2）外部激励

外部激励是指通过物质性奖励、晋升机会、薪酬激励等手段来调动员工的工作积极性。这类激励更加注重员工在组织中的地位和物质回报。

（二）激励机制在高职师资队伍中的应用

1. 薪酬激励

（1）绩效工资制度

通过建立科学合理的绩效评价体系，将教师的工资与其教学和科研成果挂钩，实行绩效工资制度，激发教师提高教学水平和科研产出。

（2）学科奖励

设立学科奖励，对在某一学科领域取得重要成果的教师给予额外奖励，激励其深入学科研究。

2. 职称晋升

（1）完善的职称评定制度

建立科学公正的职称评定制度，确保教师在不同职称阶段都能够找到明确的晋升路径，提高职称评定的透明度和公正性。

（2）职称晋升培训

为有晋升意愿的教师提供培训机会，帮助其提升教育教学水平和科研能力，更好地满足职称评定的要求。

3. 专业发展与培训

（1）提供多样化的培训机会

为教师提供各类培训机会，包括教学方法培训、科研技能提升等，满足不同层次、不同专业领域的需求。

（2）职业规划咨询服务

建立职业规划咨询服务，为教师提供个性化的职业发展建议，帮助其更好地规划未来职业路径。

4. 荣誉与表彰

（1）科研成果奖

设立科研成果奖，对在科研领域取得杰出成绩的教师给予表彰和奖励，鼓励其继续深入科研工作。

（2）教学奖项

设立教学奖项，对在教学中表现突出的教师进行表彰，激励其在教学岗位上取得更多成就。

（三）激励机制的激发效果

1. 提高工作积极性

激励机制通过为教师提供明确的晋升通道、薪酬奖励等，能够显著提高教师的工作积极性。教师在追求更高的职业水平和薪资回报的同时，更有动力投入到教学和科研工作中。

2. 激发创新潜能

激励机制通过奖励科研成果、提供专业培训等方式，能够激发教师的创新潜能。教师在有了更多激励因素的支持下，更愿意尝试新的教学方法、开展前沿科研项目，从而推动学科的发展和创新。

3. 提升教学质量

激励机制的合理运用能够提升教师的教学质量。通过薪酬奖励、教学奖项等形式，鼓励教师积极参与教学改革，提高课程设置与教学方法，促进教育教学水平的提高。

4. 加强团队协作

激励机制有助于加强师资队伍的团队协作。通过设立团队奖励、共享资源等机制，鼓励教师之间互相合作，促进学科交叉与融合，形成合力，提高整体教学与科研水平。

5. 增强职业发展动力

激励机制对于教师的职业发展动力起到关键作用。清晰的职称晋升通道、个性化的培训计划等，能够为教师提供清晰的职业发展路径，激发其在职业生涯中的积极性和动力。

（四）激励机制的问题与挑战

1. 不公平感

激励机制如果设计不当，容易导致不同岗位、不同科研方向的教师在获得激励上存在差异，引发教师的不公平感。这可能对师资队伍的凝聚力和团队协作造成负面影响。

2. 盲目竞争

如果激励机制过于强调个体竞争，可能导致教师间的盲目竞争，不利于团队的协作与合作。应该注重团队奖励，平衡个体和团队的利益。

3. 激励机制与教育理念的矛盾

激励机制可能与一些教育理念存在矛盾。例如，过于注重科研产出，而忽视了教学质量，则与强调教育教学为本的理念相悖。

4. 可持续性问题

一些激励措施可能只具有短期效果，难以长期维持。为了确保激励机制的可持续性，需要不断进行评估和调整，使其与院校发展保持一致。

（五）优化激励机制的建议

1. 制订科学合理的激励标准

制订科学公正的激励标准，考虑不同职务、不同岗位的差异性，确保每个教师都有公平的机会获得激励。

2. 平衡内外部激励

综合考虑内外部激励，不仅关注物质性奖励，也注重提升教师的工作满足感、成就感等内在动力，以更全面地激发其工作积极性。

3. 强化团队协作激励

加强团队奖励机制，注重共享资源、团队协作的激励，避免过分强调个体竞争，促进团队合作。

4. 引导教育理念与激励机制一致

激励机制应与院校的教育理念相一致，避免出现与教育目标不符的情况。强调教育教学为主，使激励机制成为教育事业的有益支持。

5. 定期评估与调整

建立定期的激励机制评估和调整机制，通过反馈和评估了解激励机制的实际效果，及时进行调整和优化。这有助于保持激励机制的有效性和适应性。

6. 提升员工参与感

激励机制的制订和调整过程中，要充分听取师资队伍的意见和建议，增强员工的参与感。这不仅有助于激励机制更符合实际需求，也能够增强师资队伍的凝聚力和认同感。

7. 强化激励的长期性

设计激励机制时，要注重长期性和可持续性。长期稳定的激励机制能够更好地引导教师投入到教育教学和科研工作中，形成稳定的工作动力。

激励机制作为一种管理手段，在高校师资队伍的激发与激励中发挥着重要作用。通过科学合理的激励标准、平衡内外部激励、强化团队协作激励等手段，可以有效提高教师的工作积极性、激发创新潜能、提升教学质量等方面取得显著成效。然而，激励机制的设计与实施也面临一些问题和挑战，需要不断优化和调整。

在制订激励机制时，高职院校应结合自身特点和教育理念，设计科学、灵活、可持续的激励机制，以更好地激发师资队伍的工作热情，推动学校的整体发展。同时，激励机制的落实需要与教育教学目标相一致，使之成为教育事业的有力支持。

第五章　高职旅游学科建设与科研创新

第一节　旅游教育学科体系的构建

一、旅游教育学科的范畴与框架

随着全球旅游业的蓬勃发展，旅游教育逐渐成为备受关注的学科领域。旅游教育涉及多个维度，包括旅游管理、旅游规划、文化遗产、环境保护等多方面内容。

（一）旅游教育学科的定义与特征

1. 旅游教育的定义

旅游教育是一门关注旅游行业及相关领域知识、技能传授与培养的学科。它既包括对旅游行业的经济、管理、市场等方面的培养，也关注文化、环境、社会责任等更加综合性的素养培养。

2. 旅游教育的特征

跨学科性：旅游教育不仅仅关注商业管理，还包括文化学、地理学、社会学等多个学科的交叉，形成了一个跨学科的特征。

实践导向：旅游教育强调实践经验的积累，倡导学生参与实地考察、实习实训等活动，以培养学生的实际操作能力。

国际化：由于旅游本身是国际性的产业，旅游教育也具有国际化的特征，强调培养学生具备全球视野和跨文化沟通能力。

（二）旅游教育学科的核心要素

1. 旅游管理

旅游管理是旅游教育的核心组成部分，涵盖旅游企业管理、人力资源管理、市场营销等方面。学生通过学习管理理论和实践，可以培养在旅游业务中的领导和管理能力。

2. 旅游规划与开发

旅游规划与开发关注如何合理规划和开发旅游资源，以实现可持续的旅游发展。这包括对旅游目的地的规划、开发策略、环境影响评估等方面的研究。

3. 旅游文化与遗产

旅游文化与遗产涉及对本地文化、历史和遗产的保护和传承。这一领域强调在旅游过程中对文化资源的合理利用，以及对文化传统的保护。

4. 旅游与环境

考虑到旅游活动对自然环境的影响，旅游与环境是旅游教育的重要方向之一。这包括对生态旅游的研究、环境保护的策略以及可持续旅游的实践。

5. 旅游社会责任

旅游社会责任是近年来备受关注的领域，强调旅游业对社会的影响以及企业在社会方面的责任。这包括对社会文化、经济和环境的积极贡献。

（三）旅游教育学科的主要研究方向

1. 旅游市场与消费行为

研究旅游市场和消费者行为，深入了解旅游需求、市场趋势以及不同群体的旅游消费行为，为旅游业提供市场决策支持。

2. 旅游创新与科技应用

随着科技的发展，旅游创新与科技应用成为研究的热点，包括智能导游、虚拟现实在旅游中的应用等。

3. 旅游教育与人才培养

研究旅游教育的教学模式、课程设置、实习实训等方面，以及人才培养的评估和认证体系，推动旅游专业人才的培养质量提升。

4. 旅游目的地管理

研究旅游目的地的管理模式、规划策略、文化遗产保护等，探讨如何使目的地更具吸引力和可持续性。

5. 旅游与社会文化

通过研究旅游与社会文化的关系，深入了解旅游活动对社会文化的影响，推动文化的传承与创新。

（四）旅游教育学科的未来发展趋势

1. 数字化与智能化

未来，旅游教育将更加注重数字化和智能化发展。利用大数据、人工智能等技术，提高旅游产品和服务的个性化水平，推动旅游业更好地适应数字时代的需求。

2. 可持续发展

随着社会对可持续发展的关注增加，旅游业也将朝着更加可持续的方向发展。未来，旅游教育将强调培养学生的可持续发展观念，推动学生在从业时更具有环保和社会责任意识。

3. 国际化与跨文化交流

旅游业的国际性和跨文化属性将促使旅游教育更加注重国际化的发展。未来，旅游教育将强调培养学生具备跨文化沟通和合作能力，适应不同国家和地区的旅游需求。

4. 社会创新与创业精神

未来，旅游教育将更注重培养学生的创新意识和创业精神，鼓励学生提出创新的旅游产品和服务，培养他们在旅游领域中的创业能力。

5. 教育技术的融合

随着教育技术的不断发展，未来旅游教育将更多地融合在线教育、虚拟现实、增强现实等教育技术，提供更丰富、灵活和多样化的教学手段。

旅游教育作为一个跨学科的领域，涵盖了旅游管理、规划与开发、文化遗产、环境保护等多个方面。其核心要素包括对旅游业各个方面的综合性培养，而主要研究方向则包括旅游市场与消费行为、旅游创新与科技应用、旅游教育与人才培养等多个方面。未来，旅游教育将面临数字化与智能化、可持续发展、国际化与跨文化交流等多个发展趋势，通过这些趋势的引领，将进一步发展，为培养更全面、适应性更强的旅游专业人才做出更大的贡献。

二、构建高职旅游学科的必要性与意义

随着全球旅游业的蓬勃发展，旅游业已经成为许多国家和地区的经济支

柱产业之一。在这一大背景下,旅游相关学科的培养与发展愈发受到重视。而构建高职旅游学科无疑是推动旅游专业发展、满足行业需求的一项关键举措。

(一)全球旅游业的蓬勃发展

1. 旅游业的经济贡献

随着全球经济一体化的推进,旅游业已经成为许多国家的经济增长点。旅游业的不断蓬勃发展为就业创造了大量机会,为国家和地区创汇提供了可观的收入。

2. 旅游业的多元化需求

旅游需求的多元化成为旅游业发展的新趋势,不仅有传统的观光旅游,还涌现出休闲度假、文化体验、生态旅游等多种需求。这使得旅游业对更加专业化、多元化的人才需求日益增长。

(二)构建高职旅游学科的必要性

1. 高职教育的社会责任

高职教育的使命之一是满足社会对专业技术人才的需求,旅游业作为一个具有广阔发展前景的行业,对高素质、专业化的人才需求日益迫切。构建高职旅游学科是适应社会需求、履行社会责任的关键一环。

2. 行业需求的专业人才

旅游行业的多元化和快速发展要求从业人员具备更为专业化的知识和技能。构建高职旅游学科有助于培养更符合旅游行业专业需求的人才,提升他们的实际操作能力和综合素质。

3. 增强学生就业竞争力

构建高职旅游学科有助于提高学生的职业素养和就业竞争力。通过系统、全面地培养学生的专业知识和实际操作技能,使他们更好地适应旅游行业的工作要求。

4. 促进地方旅游业发展

构建高职旅游学科有助于推动地方旅游业的发展。通过培养专业人才,提升地方旅游服务质量,推动当地旅游资源的开发和利用,为地方经济注入新的动力。

(三)构建高职旅游学科的意义

1. 提升高职教育质量

构建高职旅游学科是提升高职教育整体质量的重要手段。通过建设更为系统、实用的课程体系,引入具有实际经验的专业教师,提升教学水平,为学生提供更为优质的教育资源。

2. 推动旅游行业升级

高职旅游学科的建设有助于推动旅游行业的升级。培养更为专业、高水平的旅游从业人员,推动旅游服务的升级,提升行业整体竞争力。

3. 培养创新型人才

构建高职旅游学科有助于培养创新型人才。旅游业的发展需要具备创新精神的从业者,通过高职旅游学科的建设,培养学生的创新能力,推动整个行业的创新发展。

4. 促进地方社会经济发展

构建高职旅游学科对于地方社会经济的发展具有积极意义。通过培养旅游专业人才,促进当地旅游业的发展,创造更多的就业机会,提升地方社会的整体发展水平。

(四)构建高职旅游学科的实施路径

1. 设定明确的培养目标

在构建高职旅游学科之初,需要设定明确的培养目标。明确需要培养的专业素养、实际操作能力以及学生的综合素质,为后续的课程设置和教学安排提供指导。

2. 建设完善的课程体系

构建高职旅游学科需要建设完善的课程体系。在课程设置上要紧密结合行业需求,既包括旅游管理、规划与开发,也涵盖旅游文化、环境保护等方面,确保学生能够全面理解和掌握相关知识。

3. 引进实践经验丰富的专业教师

构建高职旅游学科需要引进实践经验丰富的专业教师。这些教师应具备丰富的实际工作经验,能够将理论知识与实际操作相结合,为学生提供真实的行业案例和解决问题的经验。

4.加强与旅游行业的合作

与旅游行业的合作是构建高职旅游学科的重要环节。通过与旅游企业、景区、酒店等行业机构建立紧密的合作关系，可以更好地了解行业发展需求，为学生提供实习实训机会，将理论知识与实际操作相结合。

5.引入先进的教育技术手段

在高职旅游学科的建设中，引入先进的教育技术手段是不可或缺的。虚拟仿真、在线课程、教育云平台等技术手段可以提高教学效果，使学生更方便地获取知识，培养其信息技术应用能力。

6.设立实践基地

为了更好地培养学生的实际操作能力，可以设立实践基地。这些实践基地可以是旅游企业、景区、文化遗产保护机构等，通过实地实习，学生能够更深入地了解行业运作，并将所学知识应用到实践中。

7.定期进行课程评估与调整

高职旅游学科的建设需要定期进行课程评估与调整。根据行业发展的变化和学生的实际需求，及时调整课程内容，确保教学内容与时俱进，符合行业的最新趋势。

构建高职旅游学科是适应社会需求、提高高职教育质量、促进旅游行业升级的必然选择。通过设定明确的培养目标、建设完善的课程体系、引进实践经验丰富的专业教师、加强与旅游行业的合作、引入先进的教育技术手段、设立实践基地以及定期进行课程评估与调整，可以构建出符合行业需求、贴近实际的高职旅游学科。这有助于培养更多、更好的旅游专业人才，为旅游行业的可持续发展和社会经济的繁荣做出积极贡献。

三、高职旅游学科与相关学科的关系

高职旅游学科作为旅游专业领域的一部分，在培养学生旅游管理、规划与开发、文化遗产保护、环境保护等方面的实际操作能力和专业素养方面起着关键作用。与此同时，高职旅游学科与其他相关学科存在紧密的关系，相互渗透、互相促进。

（一）高职旅游学科的定位与特点

1. 高职旅游学科的定位

高职旅游学科是在高职教育体系中设立的，其主要任务是培养应用型、技能型的旅游专业人才。与传统的本专科教育相比，高职旅游学科更加注重实践操作，强调学生在课堂外的实地实习、实践活动，旨在使学生能够迅速适应旅游行业的工作环境。

2. 高职旅游学科的特点

实践性强：高职旅游学科注重学生的实际操作能力，通过实地考察、模拟实训等方式，使学生能够在真实的场景中应用所学知识。

职业导向：高职旅游学科的课程设置和教学内容紧密结合旅游行业的实际需求，培养符合市场就业需求的专业人才。

灵活性：由于高职旅游学科直接面向职业市场，因此更具有灵活性，能够更及时调整课程设置和教学内容以适应行业的发展变化。

（二）高职旅游学科与旅游管理学科的关系

1. 旅游管理学科的特点

旅游管理学科更侧重培养具有较高管理水平和综合素质的专业人才。它涵盖了领导管理、市场营销、人力资源管理等多个方面，强调学生对旅游企业整体运营的理解和掌握。

2. 关系与互补性

共同基础：高职旅游学科和旅游管理学科都建立在对旅游行业的深入了解基础上。两者都需要学生掌握旅游行业的基本理论、法规、行业动态等方面的知识。

互补优势：高职旅游学科更注重学生实际操作能力的培养，而旅游管理学科更注重培养学生在管理层面的素养。两者相辅相成，共同为旅游行业输送不同层次的专业人才。

职业路径：学生在完成高职旅游学科的培养后，可以直接进入旅游行业基层从事实际操作工作；而完成旅游管理学科的培养后，更有机会在企业管理层或相关管理机构中担任管理职务。

（三）高职旅游学科和旅游规划与开发学科的关系

1. 旅游规划与开发学科的特点

旅游规划与开发学科主要关注旅游资源的开发利用和目的地的规划。它包括旅游资源的评估、规划设计、开发实施等方面的内容，培养学生对于旅游目的地整体规划的能力。

2. 关系与互补性

共同关注：高职旅游学科和旅游规划与开发学科都关注旅游行业的实际运作，但侧重点不同。前者注重实际操作，后者注重对旅游资源的系统规划和开发。

互补优势：完成高职旅游学科的学生更适合直接投身旅游从业一线，而完成旅游规划与开发学科的学生更具备对整个目的地进行全面规划的能力，有望从事规划设计、开发策划等方面的工作。

协同发展：高职旅游学科的学生在实际操作中会遇到需要规划与开发知识的问题，而旅游规划与开发学科的学生需要了解实际操作的情况。两者的紧密结合有助于培养具有更全面素质的专业人才。

（四）高职旅游学科与文化遗产保护学科的关系

1. 文化遗产保护学科的特点

文化遗产保护学科主要关注文化遗产的保护与管理。它包括文化遗产的鉴定、修复、保护策略的制订等方面，培养学生在文化遗产领域的专业素养和实践能力。

2. 关系与互补性

共同价值：高职旅游学科和文化遗产保护学科都与旅游行业紧密相关，且都关注文化因素。前者强调在实际操作中对文化资源的合理利用，而后者强调对文化遗产的保护和传承。

互相促进：学生在高职旅游学科中学习了实际操作技能后，若进一步深入文化遗产保护学科的学习，能更好地理解文化遗产的重要性，为实践操作提供更为深刻的文化支持。

综合应用：在实际旅游项目中，文化遗产保护学科的知识可以帮助高职旅游学科的从业人员更好地处理文化相关的问题，使旅游项目更加有深度和内涵。

(五)高职旅游学科与环境保护学科的关系

1. 环境保护学科的特点

环境保护学科主要关注自然环境的保护与可持续利用。它包括环境评估、环境监测、环境规划等内容,培养学生在环境保护领域的专业素养和环境意识。

2. 关系与互补性

共同关切:高职旅游学科和环境保护学科都关注旅游行业的可持续发展。前者强调在实际操作中对自然环境的合理利用,后者强调在旅游活动中对环境的保护。

互补优势:学生在高职旅游学科中学习了实际操作技能后,若进一步深入环境保护学科的学习,能更好地理解旅游活动对自然环境的影响,并提出更为科学的环境保护建议。

可持续发展:高职旅游学科和环境保护学科的结合有助于培养旅游从业者对可持续发展的认知,使他们在实际操作中更好地平衡旅游活动与环境保护之间的关系。

高职旅游学科与相关学科之间存在着紧密的关系和互补性。这种关系不仅体现在知识体系的共通点上,更体现在学科培养目标的互补与协同发展上。在实际教学中,各学科之间的交流与合作,有助于培养更具专业素养的旅游专业人才。同时,这也为学科的不断创新和发展提供了新的思路和可能性。在未来,高职旅游学科与相关学科的合作将更加密切,共同推动旅游专业领域的进步和发展。

第二节 高职旅游专业方向与学科特色的明确

一、高职旅游专业方向的设定与调整

随着旅游业的蓬勃发展,高职旅游专业在培养旅游从业人才方面发挥着重要作用。为了适应行业发展需求、提高培养质量,高职旅游专业的方向设

置与调整显得尤为关键。

（一）高职旅游专业方向的设定

1. 行业市场需求分析

在设定高职旅游专业方向时，首先需要对行业市场需求进行深入分析。通过调查市场对旅游人才的需求情况，了解当前行业的热点和趋势，有针对性地设定专业方向，以确保毕业生更容易就业。

2. 相关产业链的综合考量

旅游业涉及众多领域，包括旅游规划与开发、文化遗产保护、旅游管理、酒店管理等。在设定专业方向时，需要考虑整个旅游产业链的各个环节，确保学生能够全面了解和适应行业的多元需求。

3. 区域特色与文化背景的考虑

不同地区的旅游资源和文化背景存在差异，因此，在设定专业方向时需要考虑当地的区域特色。通过挖掘本地独特的旅游资源和文化底蕴，设置相关的专业方向，既符合本地实际情况，也能更好地满足市场需求。

4. 行业协会和企业的参与

与行业协会和企业保持密切联系，了解行业的发展动态和对人才的需求。行业协会通常有权威的调研数据，企业能够提供实际用人的经验和建议。这种合作有助于设定更贴近实际的专业方向。

（二）高职旅游专业方向的调整

1. 行业发展趋势的关注

在设定和调整高职旅游专业方向时，需要密切关注行业的发展趋势。随着时代的变迁和科技的发展，行业需求也在不断变化。调查新兴的旅游业态、智能化技术的应用等，调整专业方向以适应未来的发展。

2. 新技术与新业态的融合

随着信息技术的飞速发展，虚拟仿真、人工智能、大数据等技术在旅游行业得到广泛应用。通过调整专业方向，引入相关新技术，培养具备数字化能力的旅游专业人才，使他们更适应行业的数字化转型。

3. 多元化方向的设置

旅游行业的多元化发展呈现出各种业态，包括文旅融合、健康旅游、生态旅游等。为了满足不同学生的兴趣和职业需求，可以设置多元化的专业方向，如旅游规划与设计、旅游项目管理、旅游文化传播等。

4. 实践与理论的平衡

旅游专业的特点之一是实践性强，因此，在调整专业方向时要注重实践与理论的平衡。加强实地考察、实习实训环节，使学生能够在实际操作中更好地掌握相关技能。

（三）高职旅游专业方向的建议

1. 增设数字化旅游管理方向

随着信息技术的不断发展，数字化旅游管理成为行业发展的趋势。通过引入与大数据、人工智能等相关的课程，培养学生具备数字化旅游管理能力，从而更好地适应行业的需求。

2. 强化旅游文化传播与营销方向

文化体验成为旅游消费的重要组成部分，因此，增设旅游文化传播与营销方向，培养具备良好文化素养和市场营销能力的旅游专业人才。

3. 设置可持续旅游发展方向

可持续发展是当前旅游行业面临的重要问题，通过设置可持续旅游发展方向，培养学生具备对环境和社会责任的认识，为行业的可持续发展做出贡献。

4. 引入旅游项目策划与管理方向

随着旅游项目愈加复杂，项目策划与管理成为不可忽视的环节。通过引入相关课程，培养学生项目管理能力，使他们能够在旅游项目的规划、执行和监控中发挥更为重要的作用。

5. 加强生态旅游与文化旅游融合方向

生态旅游和文化旅游融合是当前旅游业的热门方向之一。通过加强相关课程的设置，培养学生在生态保护、文旅融合等方面的专业知识，使其能够在这一领域具备竞争力。

6. 设立旅游信息技术与智能化管理方向

为了适应数字化转型的需求，可以设立旅游信息技术与智能化管理方向。学生将学习与旅游相关的信息技术，了解智能化管理系统在旅游行业的应用，培养对新技术的理解和应用能力。

（四）高职旅游专业方向的实施策略

1. 引入实践导向的课程设计

为确保学生能够更好地应用所学知识，课程设计应注重实践导向。设置实际案例分析、实地考察、模拟实训等环节，使学生在课堂外能够真实地接触和解决实际问题。

2. 加强与行业合作

与行业协会、企业建立紧密的合作关系，将行业需求引入专业方向的制订和调整中。通过实习实训、双向师资交流等方式，使专业方向更符合行业的实际需求。

3. 引入新技术和新教育手段

在课程设置中引入新技术，如虚拟仿真、在线课程、教育云平台等，以提高学生的信息技术水平。通过创新教育手段，提升教学效果，使学生更适应数字化时代的发展。

4. 建立实习实训基地

为了更好地培养学生的实际操作能力，建立实习实训基地是至关重要的。这些基地可以与景区、酒店、旅行社等行业机构合作，提供给学生真实的实践机会，使他们能够更好地融入行业。

5. 定期进行专业方向的评估与调整

随着行业的发展和学科知识的不断更新，需要定期对专业方向进行评估与调整。借助行业调研、校企合作和学生反馈等手段，及时调整专业方向，使之保持与市场需求的一致性。

（五）总结与展望

高职旅游专业方向的设定与调整是适应旅游行业发展和提高人才培养质量的必然要求。通过深入分析市场需求、紧密关注行业发展趋势、加强与企业合作，高职旅游专业能够更好地满足学生的就业需求，培养更具实际操作能力的专业人才。

未来，随着科技的不断创新和旅游业的不断发展，高职旅游专业方向的设定与调整将面临更多的挑战和机遇。院校和企业需要加强合作，及时调整教育教学内容，培养适应新时代要求的高素质旅游专业人才，为旅游行业的可持续发展做出更大贡献。

二、学科特色的发现与凸显

高职旅游专业作为培养旅游从业人才的关键领域，其学科特色的发现与凸显至关重要。通过深入挖掘学科内在的独特性和优势，能够更好地满足行业需求，提高学生的竞争力。

（一）学科特色的发现

1. 实践导向的课程设置

高职旅游专业的课程设置更加注重实践性，通过实地考察、模拟实训等方式，使学生能够在真实的旅游场景中应用所学知识。这种实践导向的课程设置是高职旅游专业的一项明显特色。

2. 与行业协会和企业合作

与行业协会和企业建立紧密的合作关系，通过实习实训、双向师资交流等方式，使学科紧密贴合行业实际需求。与行业协会和企业的合作，为学生提供了更多的实际机会，帮助他们更好地融入行业。

3. 区域文化与旅游资源的整合

高职旅游专业在课程设置中充分考虑到区域文化和旅游资源的整合。通过挖掘和传承本地文化，结合本地旅游资源，使学科在培养学生时更具有地域性和特色。

4. 突出可持续发展理念

高职旅游专业强调可持续发展的理念，将可持续发展的理念融入课程中。通过培养学生对环境和社会责任的认识，使他们在未来的从业过程中能更好地推动行业的可持续发展。

5. 跨学科知识的整合

在高职旅游专业中，常常将旅游管理、规划与开发、文化遗产保护、环境保护等多个方面的知识整合在一起。这种跨学科的整合有助于培养更具全面素质的专业人才，使学科更具有综合性。

（二）学科特色的凸显

1. 实践性课程的强调

强调实践性课程的设置，突出学科注重学生实际操作能力的培养。通过展示实践性课程的特色，吸引更多学生选择该专业。

2. 行业合作的成果展示

通过展示与行业协会和企业合作的实际成果，如成功的实习案例、学生在企业中的表现等，凸显学科与实际行业的深度合作，展示学科对学生职业发展的积极影响。

3. 区域文化与旅游资源的推广

将区域文化和旅游资源的整合作为学科的一项特色进行推广。通过展示相关项目、学生的实地调研成果等，向外部社会展现学科在挖掘和传承地方文化方面的努力。

4. 可持续发展理念的宣传

突出可持续发展的理念，通过相关实例和案例，向社会传递学科对环境保护、社会责任等方面的关注，凸显学科在推动行业可持续发展方面的贡献。

5. 学科综合素质的突出

强调学科整合了多个方面的知识，培养学生综合素质的特点。通过展示学科毕业生在实际工作中的成功案例，突显他们在多个领域具备的能力和优势，为学科特色的凸显提供更为有力的支持。

（三）学科特色的深化与发展

1. 持续改进实践导向的课程

为进一步凸显学科的实践性，需要持续改进实践导向的课程。通过引入新的实践项目、行业实训、模拟场景等方式，使学生能够更全面地掌握实际操作技能。

2. 拓展与行业的深度合作

加强与行业协会和企业的深度合作，通过建立更多的实习基地、联合研发项目等方式，将学科与行业的合作不断深化。借助行业资源，为学生提供更多实际机会，并进一步提高学科在行业内的声望。

3. 深挖区域文化与旅游资源

进一步深挖区域文化与旅游资源，将其融入更多的实际项目。可以开展文化传承活动、地方旅游推广等，以学科的实际行动来传递和展示区域文化的独特魅力。

4.强化可持续发展教育

在可持续发展方面，不仅要在课程中强调理念，还应加强学科内部的可持续发展教育。通过组织相关的研讨会、讲座等活动，使师生更深入地理解并投入到可持续发展的实践中。

5.推动学科的国际化发展

通过与国际同行的交流与合作，将学科推向国际化发展。可以引入国际课程、邀请国际专家举办讲座，培养具备国际视野的学生。同时，积极参与国际学术交流，提升学科在国际上的影响力。

（四）学科特色的传播与推广

1.制订全面的宣传计划

制订全面的宣传计划，明确宣传的重点和方式。可以通过学校官方网站、社交媒体、校报等多种途径，将学科的特色、优势向校内外广泛传播。

2.增设相关宣传活动

组织一系列相关宣传活动，如学科开放日、行业论坛、专业展览等。通过这些活动，邀请行业专家、企业代表参与，展示学科的独特魅力，吸引更多学生和社会关注。

3.利用校友资源进行推广

充分利用学科的校友资源，邀请成功就业的校友分享他们的学科经历和职业发展。通过校友的身份，向外部社会传递学科的影响力和就业竞争力。

4.开展专业特色培训

与行业合作，开展专业特色的培训项目。邀请企业专业人士为学生提供实际培训，突出学科的实际操作性和就业导向，增强学科的吸引力。

5.积极参与评比与评价

积极参与相关学科的评比与评价，争取更多的荣誉和认可。获得学科领域的奖项，将为学科的特色提升提供有力的支持，也有助于吸引更多优秀的学生投身其中。

高职旅游专业的学科特色是培养具备实际操作能力、符合行业需求的旅游专业人才的关键。通过深入挖掘学科内在的独特性，凸显其实践导向、行业合作、区域文化整合等方面的特色，将有助于提升学科的声誉和影响力。在特色的发现与凸显过程中，持续的改进、深化与发展，以及有效的传播与推广，都是至关重要的环节。只有不断完善和提升学科的特色，才能更好地服务学生的成长和行业的发展。

三、推动学科发展与实际应用的结合

随着社会的不断发展和科技的飞速进步，高职旅游专业作为培养旅游从业人才的关键领域，面临着更多的机遇和挑战。为了更好地满足行业需求，推动学科的发展与实际应用的结合显得尤为重要。

（一）课程设计的创新与实际需求的结合

1. 行业前沿课程的引入

推动学科与实际应用的结合，首先需要关注行业的前沿动态。引入最新的行业趋势、技术和管理理念，开设相应的前沿课程，使学生能够及时了解并掌握行业最新的发展方向。

2. 实践导向的课程设置

课程设计应注重实践性，通过实地考察、模拟实训等方式，使学生能在真实的旅游场景中应用所学知识。实践导向的课程设置有助于学生更好地适应实际工作环境，提高他们的实际操作能力。

3. 跨学科知识的整合

高职旅游专业涉及多个学科领域，课程设置时要注意跨学科知识的整合。将旅游管理、规划与开发、文化遗产保护、环境保护等方面的知识有机结合，培养学生更具全面的素质。

4. 及时调整课程体系

学科的课程体系应该具有一定的灵活性，能够随着行业需求的变化而及时调整。建立与行业协会、企业的合作机制，获取实时的行业反馈，为课程的调整提供依据。

（二）实践教学的强化与行业经验的融合

1. 建立实训基地

为了更好地将理论知识与实际操作相结合，学科应建立实训基地。这些基地可以与景区、酒店、旅行社等行业机构合作，提供给学生真实的实践机会，使学生能更好地融入行业。

2. 行业实习与实际项目

将学生送入实际的行业实习，让他们在真实的工作环境中学到更多的知识和技能。同时，与企业合作开展实际项目，使学生能够参与到实际项目中，增加实际工作经验。

3. 组织行业经验分享

邀请行业内资深从业者或成功企业家来院校进行经验分享，让学生了解行业内的最新发展、成功经验和挑战。通过与实际经验的对话，学生能够更好地理解和应对行业的复杂性。

4. 开展模拟经营活动

通过模拟经营活动，让学生在虚拟的环境中扮演从业人员的角色，进行实际操作和决策。这有助于培养学生的团队协作能力、创新意识和应对突发情况的能力。

（三）科研创新的引导与应用价值的突显

1. 鼓励学生参与科研项目

为学生提供参与科研项目的机会，培养他们的研究兴趣和创新意识。通过科研项目的参与，学生能够深入了解行业问题、提出解决方案，并将理论知识应用于实际问题的解决中。

2. 实施产学研一体化

推动学科的发展与实际应用的结合，产学研一体化是一种有效的途径。学科可以与企业、科研机构进行深度合作，将科研成果应用于实际工作中，为产业提供解决方案。

3. 强调应用性研究

在科研方向的选择上，强调应用性研究。将学科的科研方向紧密结合行业实际需求，侧重解决实际问题，确保科研成果具有实际应用价值。

4. 积极参与行业调研

定期组织学科师生参与行业调研，深入了解行业发展趋势、市场需求和消费者行为。通过调研，学科能更准确地把握行业动态，为课程设置和科研方向的调整提供依据。

（四）行业合作的深化与学科建设的互动

1. 建立校企合作机制

学科与行业的深度合作需要建立健全校企合作机制。与旅游企业、景区、酒店等建立长期合作关系，共同进行学科建设、实践教学和科研项目，实现优势互补，推动多方的共同发展。

2. 共建实训基地

学科可以与行业合作伙伴共建实训基地。这样的实训基地不仅能提供给学生更真实的实践机会，也使学科更加贴近实际行业运作，更好地传递行业需求。

3. 聘请行业专家兼职教学

邀请行业内经验丰富的专业人士兼职担任教学工作，可以使学科的教学更具实际导向。这些专业人士能够分享自己在行业中的经验，为学生提供更为实际的教学内容。

4. 举办行业论坛与研讨会

定期举办行业论坛、研讨会等活动，邀请行业内领军人物、企业代表等参与。通过交流与合作，促进学科与行业的深度互动，了解行业需求，提高学科的适应性。

（五）结合数字化技术与教育创新

1. 引入虚拟仿真技术

利用虚拟仿真技术，搭建虚拟景区、虚拟旅游项目，使学生能够在虚拟环境中进行实践操作。这样的技术应用能够有效弥补实地实践的不足，提高学生的实际操作能力。

2. 开发在线教育资源

建设在线教育平台，开发相关教学资源，使学科的教学内容更具灵活性。通过在线教育，学生可以在不同时间和地点学习，更好地适应现代学习方式。

3. 创新教学方法

在课堂教学中引入创新的教学方法，如案例分析、团队合作项目、角色扮演等。通过这些创新方法，激发学生的学习兴趣，培养他们的创新思维和解决问题的能力。

4. 开展在线实训项目

结合行业合作，开展在线实训项目。利用数字化技术，使学生能够在虚拟情境中完成实际项目，提高他们的实际操作经验。

（六）学科发展与社会责任的结合

1. 强调社会责任教育

学科发展应紧密结合社会责任教育。在课程中注入社会责任的理念，培养学生对社会和环境的关切，引导学生在从业过程中能够更加注重可持续发展。

2. 参与社会服务项目

学科可以积极参与社会服务项目，为当地社区、景区、文化遗产的保护和发展提供专业支持。通过学科的实际行动，践行社会责任，为社会做出积极贡献。

3. 建立社会合作伙伴关系

学科可以与非营利组织、地方政府建立合作伙伴关系，共同推动地方旅游业的可持续发展。通过与社会伙伴的紧密合作，学科能够更好地履行社会责任，促进社会的进步与发展。

第三节 高职旅游学术研究与实际应用的结合

一、学术研究在高职旅游教育中的角色

高职旅游教育作为培养旅游从业人才的关键领域，其发展离不开学术研究的支持与推动。学术研究在高职旅游教育中扮演着不可或缺的角色，不仅有助于提升教学质量，还能够推动学科的创新和发展。

（一）学术研究对高职旅游教育的重要性

1. 促进教育理念的更新

学术研究有助于促进高职旅游教育的理念更新。通过深入研究行业发展趋势、人才需求变化等方面的问题，学术界能够为高职旅游教育提供更为科

学的理论支持，推动教育理念与时俱进。

2. 提升教育质量

学术研究有助于提升高职旅游教育的质量。通过对教学方法、教材编写、实践教学等方面的研究，学术界能够为高职旅游教育提供更为科学、有效的指导，帮助院校不断改进教学方法，提高培养质量。

3. 推动学科创新

学术研究是推动学科创新的重要动力。通过深入研究学科前沿理论、新技术、新方法等方面的问题，学术研究能为高职旅游教育注入新的思想和理念，推动学科实现创新发展。

（二）学术研究在高职旅游教育中的作用

1. 制订科学教育目标

学术研究有助于制订科学的教育目标。通过对行业需求、社会发展趋势等方面的研究，学术界能为高职旅游教育制订符合实际需求的教育目标，确保培养出更符合市场需求的人才。

2. 优化课程设置

学术研究为优化高职旅游教育的课程设置提供了理论支持。研究人员可以通过调查行业需求、分析学生的学科兴趣等，为课程设置提供科学依据，使课程更贴近实际应用，更有针对性。

3. 探索先进教学方法

学术研究有助于探索先进的教学方法。研究人员可以借助新技术、创新的教育理念等，提出更有效的教学方法，使高职旅游教育更具有吸引力和实用性，提高学生的学习积极性。

4. 培养实际操作能力

学术研究有助于培养学生的实际操作能力。通过研究实际案例、组织实地考察等方式，学术界可以为高职旅游教育提供更多实践性的教学内容，使学生在学习过程中更好地掌握实际操作技能。

（三）学术研究对高职旅游教育师资队伍培养的影响

1. 提升师资水平

学术研究有助于提升高职旅游教育师资队伍的水平。通过参与学术研究项目、发表学术论文等方式，教师能不断提升自己的专业素质，了解行业最新动态，为学生提供更具前瞻性的教学内容。

2. 促进教师团队建设

学术研究有助于促进教师团队的建设。共同参与学术研究项目，加强团队协作，有助于形成良好的合作氛围。通过团队建设，教师能相互交流经验，共同提高教育水平。

3. 提高教师创新能力

学术研究培养了教师的创新能力。在研究项目中，教师需要不断思考问题、寻找解决方案，这有助于提高他们的创新意识和解决问题的能力。这种创新能力将直接影响教学质量和学科的发展。

4. 激发教师的职业热情

学术研究激发了教师的职业热情。通过参与有实际应用价值的学术研究，教师能够更加深刻地感受到自己的工作对学科和行业的贡献，从而激发起对教育事业的热情，并更加专注于培养学生。

（四）学术研究对学科建设的推动作用

1. 指导学科发展方向

学术研究有助于指导高职旅游教育学科的发展方向。通过对行业需求、学科前沿理论等方面的深入研究，学术研究为学科提供了明确的发展目标和路径，有助于学科更好地适应社会需求。

2. 提升学科声誉

高质量的学术研究成果将提升学科的声誉。发表在国际学术期刊上的论文、参与国际学术会议等活动，将使学科逐渐在国际上获得认可，有助于吸引更多高水平的研究人才和学生。

3. 促进学科内涵建设

学术研究推动学科内涵的不断深化。在研究过程中，学科将不断吸纳新的理论、方法和技术，使学科内涵更加丰富，更具前瞻性。这有助于提高学科的学术水平和影响力。

4. 推动实践教学改革

学术研究为实践教学提供了理论支持。通过研究实际问题、探索先进的教学方法，学术界为实践教学改革提供了宝贵的经验。这有助于提高实践教学的质量，使学生更好地应对实际工作挑战。

（五）面临的挑战与对策

1. 学术研究与实际应用的结合

挑战：学术研究与实际应用之间存在一定的脱节，学术成果难以迅速转化为实际教学和行业应用的资源。

对策：建立学术研究与实际应用的桥梁，鼓励学者参与实际项目，促使学术成果更好地服务于实际教学和行业发展。加强学科与企业、行业协会的合作，搭建双向信息传递的平台，促进学术研究与实际应用的有机结合。

2. 学术研究的导向性问题

挑战：部分学术研究可能过于理论化，缺乏实际问题导向，难以解决实际应用中的紧迫问题。

对策：强调学术研究的导向性，鼓励研究项目更加贴近实际问题，关注行业的紧迫需求。建立学科研究的评价体系，将实际应用价值纳入评价体系，激励学者关注实际问题，推动研究更好地服务于实践。

3. 缺乏跨学科研究

挑战：部分学术研究可能局限于特定领域，缺乏跨学科研究，难以全面解决旅游教育中的复杂问题。

对策：鼓励跨学科研究，促使不同领域的专家共同参与旅游教育的研究。设立跨学科研究项目，组织相关学科的专家进行深度合作，以实现知识的交叉融合，推动更全面、多角度的研究。

4. 学术研究的社会影响力

挑战：部分学术研究难以形成较大的社会影响力，无法引起广泛的社会关注。

对策：加强学术研究的社会传播。通过科普活动、学术论坛、媒体宣传等方式，将学术研究成果呈现给更广泛的社会群体，提高社会对学术研究的认知度。同时，鼓励学者在公共领域发表观点，参与社会问题的讨论，提高学术研究的社会影响力。

学术研究在高职旅游教育中扮演着不可或缺的角色，其作用不仅体现在促进教育理念更新、提升教育质量等方面，还推动了师资队伍培养和学科建设。面对挑战，应强调学术研究与实际应用的结合，引导研究更加关注实际问题，促进跨学科研究，提高学术研究的社会影响力。通过不断加强学术研究与实际应用的有机结合，高职旅游教育能更好地适应社会需求，为培养更优秀的旅游专业人才作出更大贡献。

二、鼓励实际案例与经验分享的研究

实际案例与经验分享是一种重要的学术研究方法，尤其在高职旅游教育领域具有独特的价值。通过深入研究实际案例和分享教育经验，不仅可以加深对旅游教育实践的理解，还能够为教师提供宝贵的指导和启示。

（一）实际案例研究的重要性

1. 理论与实践的结合

实际案例研究有助于理论与实践的有机结合。通过具体实例的深入分析，可以更好地理解理论知识在实际应用中的具体运作方式，使理论更加贴近实际，为教育实践提供科学的指导。

2. 问题解决与决策支持

实际案例研究为问题解决和决策提供了实用的经验支持。通过分析旅游业中的具体案例，可以总结出解决问题的有效方法和决策的科学依据，为高职旅游教育提供有力的支持。

3. 师资队伍培训与提升

实际案例研究有助于师资队伍的培训与提升。通过分享教学经验，教师可以互相学习、共同成长。这种经验分享有助于建立良好的教师团队氛围，提高整个师资队伍的水平。

4. 学生实践能力培养

实际案例研究可以促进学生实践能力的培养。通过深入研究真实案例，学生可以更好地理解实际工作中的挑战和机遇，培养解决问题的能力和团队协作精神。

（二）经验分享的价值

1. 知识传承与创新

经验分享是一种有效的知识传承和创新方式。教师通过分享自己的教学经验，可以将宝贵的实践经验传递给学生，实现经验的积累和传承；同时，也能在分享中引发新的思考，推动教育的创新发展。

2. 教学方法的优化

经验分享有助于教学方法的优化。教师通过分享自己的教学实践，可以得到来自同行的反馈和建议，从而不断优化教学方法，提高教学效果。这种交流促进了教师之间的互动和共同成长。

3. 促进师资队伍建设

经验分享有助于师资队伍的建设。通过分享教学和管理经验，教师可以更好地了解同行的工作方式和方法，形成共识，加强团队协作。这对于形成积极向上的教师团队文化至关重要。

4. 提高教学满意度

经验分享有助于提高教学满意度。通过分享成功的教学经验，教师可以激发同行的学习兴趣，提高教学的吸引力。这对于提高学生的学习积极性，形成良好的学习氛围非常重要。

（三）鼓励实际案例与经验分享的策略

1. 建立案例数据库

建立高职旅游教育实际案例的数据库，收集整理各类教育案例。这可以通过院校内部的案例汇总、学术研究项目的积累等方式进行，形成一个资源共享的平台。

2. 举办经验分享活动

定期举办经验分享活动，为教师提供一个交流和学习的平台。这可以是学术研讨会、教学沙龙、教育经验分享论坛等形式，通过组织相关活动激发教师的分享热情。

3. 制订激励政策

制订激励政策，鼓励教师积极分享实际案例和教学经验。这可以通过设立案例分享奖励、教学经验交流奖金等方式，给予一定的荣誉和物质奖励，激发更多教师的分享意愿。

4. 支持学术期刊发表

鼓励实际案例与经验分享的研究在学术期刊上发表。通过设立专门的栏目或期刊，提供一个正式的平台，鼓励教师将实际案例和经验分享的研究成果进行分享。这有助于将实际案例研究融入学术体系，提高其学术价值和影响力。

5. 培养分享文化

培养分享文化，使实际案例与经验分享成为院校的一种文化。通过管理层的引领、培训课程的设置等方式，强调实际案例与经验分享的重要性，使教师逐渐养成分享的习惯，形成共建共享的氛围。

6. 制订分享标准

制订实际案例与经验分享的标准，明确分享内容的要求和评价标准。这有助于规范分享内容的质量，使分享更加有针对性、实用性。制订标准也可以帮助分享者更好地准备分享材料，提高分享的效果。

（四）实施挑战与对策

1. 隐私和敏感性问题

挑战：实际案例中可能涉及个人隐私或敏感信息，教师在分享时可能存在顾虑。

对策：建立合理的隐私保护机制，对教师分享的案例，进行审查和脱敏处理，确保不泄露个人隐私和敏感信息。同时，鼓励教师将分享的重点放在教育经验和教学方法上，避免过多关注个人隐私。

2. 缺乏分享的意愿

挑战：部分教师可能缺乏分享的意愿，认为分享并不会得到足够的认可和回报。

对策：通过建立激励机制，给予分享者一定的奖励和认可，提高分享的意愿。可以采取先行者奖励、年度最佳分享者评选等形式，鼓励更多教师参与分享。

3. 分享内容质量参差不齐

挑战：由于教师水平和经验不同，分享内容的质量参差不齐，有的案例可能过于简单或缺乏实际应用性。

对策：建立专业评审团队，对于提交的分享内容进行评审，提供专业的意见和建议。同时，开展培训课程，提升教师分享案例和经验的水平，提高分享内容的质量。

鼓励实际案例与经验分享的研究在高职旅游教育中具有重要价值。通过实际案例研究，可以深入理解高职旅游教育实践，解决实际问题；而经验分享则是一种高效的知识传递和创新方式，有助于提高教学效果、促进师资队伍建设。为了推动这一研究方法的发展，需要建立相应的机制、制订激励政策、培养分享文化，以应对可能出现的挑战。通过这一系列的努力，可以更好地发挥实际案例与经验分享在高职旅游教育中的作用，推动教育实践的不断创新和提升。

三、构建学术研究与实际应用的平台与机制

学术研究与实际应用之间的紧密结合对于高职旅游教育的发展至关重要。构建一个有效的平台与机制，促进学术研究成果更好地服务于实际教学和行业需求，将有助于提升教育水平、推动产学研深度融合。

（一）学术研究与实际应用平台的构建

1.学术研究平台的搭建

（1）学术期刊与论文数据库

建立专门的学术期刊和论文数据库，发布与高职旅游教育相关的学术研究成果。通过开设特刊、设立专业领域的期刊，为高职旅游教育研究人员提供发表成果的平台，促进学术交流与分享。

（2）学术研讨会与论坛

定期举办学术研讨会和论坛，为高职旅游教育研究人员提供一个交流与合作的场所。这种形式有助于促进学术成果的及时传播，激发创新思维，推动学术研究的深入发展。

（3）专业研究机构

建立专业的研究机构，集中资源进行深度研究。这些机构可以联合院校、企业和行业协会，提供实际案例、数据支持，推动学术研究成果更好地应用于实践。

2.实际应用平台的构建

（1）实训基地与模拟场景

建设实训基地和模拟场景，提供给学生实际操作和模拟实践的机会。这些场地可以模拟旅游业务、景区管理等实际情境，使学生能够在真实情境中进行实践，更好地理解和应用学术知识。

（2）产业合作与校企联盟

与旅游行业建立紧密的联系，构建校企合作的平台。通过与行业企业合作，院校可以获取实际案例、行业趋势等信息，企业也能够借助院校的专业力量解决实际问题，形成互利共赢的合作关系。

（3）实际项目与实习机会

积极推动学生参与实际项目和实习机会。通过与行业合作，为学生提供实际项目的机会，让他们在真实的工作环境中提升实际应用能力，将学术理论转化为实际操作的能力。

（二）构建学术研究与实际应用的机制

1. 信息共享机制

建立学术研究与实际应用的信息共享机制。通过建设信息平台、共享数据库，将学术研究成果、实际案例、行业需求等信息进行集中管理与分享，确保信息的及时传递与流通。

2. 项目对接机制

建立项目对接机制，使学术研究项目与实际应用需求对接紧密。通过专业的对接团队，将学术研究团队与实际应用团队进行沟通，确保学术研究更贴近实际需求，实际应用能够得到及时反馈。

3. 资源整合机制

建立资源整合机制，整合学术研究和实际应用的相关资源。通过合理配置研究经费、实践场地、人才培训等资源，形成学术研究与实际应用的有机结合，推动资源优势互补。

4. 评价激励机制

建立评价激励机制，对于学术研究与实际应用的紧密结合进行绩效评估。通过设定学术研究与实际应用的联合评价标准，对于表现优异的团队和个人进行奖励，激发更多教师的参与热情。

（三）挑战与应对策略

1. 学术研究与实际应用的认知差距

挑战：学术研究和实际应用之间存在认知差距，学者和从业者对于问题的理解存在偏差。

对策：建立双向沟通机制，促进学者和从业者之间的深度交流。定期组织行业研讨会、企业参观等活动，拉近双方距离，增进对于问题的共同认知。同时，鼓励学者参与实际项目，深入了解行业需求，提高对实际应用的理解水平。

2. 学术成果转化的难度

挑战：学术成果在实际应用中的转化存在一定的难度，因为学术界和实际应用场景之间存在语言、方法论等方面的差异。

对策：设立专业的翻译和转化团队，负责将学术成果进行转化和应用。这些团队可以由同时具备学术背景和实际经验的专业人才组成，协助学者将研究成果转化为更易于在实际应用中理解和操作的形式。

3. 机制运作的协同难题

挑战：学术研究与实际应用机制的运作需要不同领域的专业人才协同合作，但协同难度较大。

对策：建立协同团队，跨学科集结各领域专业人才，形成协同工作的机制。此外，可以通过培训和交流活动，提高团队成员对其他领域的理解和尊重，促进协同合作。

4. 机制的可持续性

挑战：学术研究与实际应用机制需要长期的投入和维护，机制的可持续性面临挑战。

对策：建立稳定的机制维护团队，负责机制的运作和维护。通过持续的资源投入、团队培训和机制优化，确保机制的长期稳定运行。

构建学术研究与实际应用的平台与机制是推动高职旅游教育发展的重要举措。通过搭建学术研究平台和实际应用平台，以及建立信息共享、项目对接、资源整合和评价激励机制，可以实现学术研究与实际应用的深度融合，推动高职旅游教育的卓越发展。在面对挑战时，通过加强学者与从业者的沟通、建立翻译和转化团队、协同合作和建立可持续性机制等对策，有望解决学术研究与实际应用之间的难题，促进机制的顺利运作。通过不懈努力，高职旅游教育可以更好地服务于社会需求，培养更具实际应用能力的专业人才。

第四节 高职旅游科研项目管理与团队建设

一、管理高职旅游科研项目的流程与方法

高职旅游科研项目的管理对于促进教育质量提升、推动学科发展至关重要。科研项目管理需要系统的计划、组织、协调和控制，以确保项目的顺利实施和研究成果的最大化。

（一）项目管理的基本流程

1. 项目规划阶段

（1）明确项目目标和需求

在项目规划阶段，首要任务是明确项目的目标和需求。明确项目的研究目标、预期成果以及相关方的需求，确保项目能够有效地解决实际问题或推动学科发展。

（2）制订项目计划

制订详细的项目计划是项目规划阶段的核心任务。项目计划应包括项目的时间安排、任务分配、预算计划等，以确保整个项目有序进行。合理的时间规划和任务分配有助于避免项目后期的进度滞后和资源浪费。

（3）确定项目组成员和角色

确定项目组成员及其角色是项目规划的重要一环。根据项目的性质和需求，明确每个成员的责任和任务，建立高效的团队协作机制。

2. 项目执行阶段

（1）实施项目计划

在项目执行阶段，项目组需要按照项目计划有序地进行工作。项目计划中的每一项任务都应按照时间节点和责任人的分工得到贯彻执行，确保项目的进展顺利。

（2）沟通与协作

项目执行阶段需要保持团队的沟通与协作。定期召开项目进展会议，及时了解每个成员的工作情况，解决项目中的问题，确保信息的及时传递，提

高团队的整体效能。

（3）风险管理

积极进行风险管理，及时识别并应对可能影响项目进展的风险。建立风险评估和预警机制，为项目的后续工作提供有效的保障。

3. 项目监控阶段

（1）进度监控

对项目进度进行实时监控，确保项目按照计划有序进行。及时发现并解决可能影响进度的问题，避免项目的滞后。

（2）资源监控

监控项目所需的各类资源的使用情况，确保资源的充分利用和合理配置。同时，及时调整资源分配，以适应项目工作的需要。

（3）质量控制

建立质量控制机制，确保项目的研究成果符合一定的质量标准。定期进行质量评估和检查，及时发现和纠正可能存在的问题。

4. 项目总结阶段

（1）成果总结

在项目结束时，进行全面的成果总结。评估项目取得的成果与预期目标的符合度，分析项目的亮点和不足，为未来类似项目提供经验教训。

（2）经验总结

总结项目执行过程中的经验，包括团队协作、问题解决、沟通协调等方面的经验。这些经验可以形成规范化的管理流程，为未来的项目提供指导。

（3）团队评价与培训

对项目团队的表现进行评价，了解每个成员的工作表现，发现和弥补团队中的不足之处。通过培训和学习活动，提高团队成员的专业水平和团队协作能力。

（二）项目管理的关键方法

1. 使用项目管理工具

在项目管理中，合理使用项目管理工具是提高效率的重要手段。例如，利用项目管理软件进行计划和跟踪进度，通过在线协作平台促进团队成员之间的交流与协作，以提高工作效率。

2. 风险管理与问题解决

风险管理是项目管理中的一项关键任务。及时识别潜在风险，并建立有效的风险缓解和应对措施，有助于避免项目因意外问题而受阻。同时，建立问题解决机制，对于项目中出现的问题，要有快速、有效的解决方案，以保证项目的顺利推进。

3. 沟通与团队建设

项目管理中的沟通和团队建设是确保项目成功的关键。通过定期召开会议、建立沟通平台，保持团队成员之间的信息流通。在团队建设方面，重视团队文化的建设，培养团队协作意识，提高团队的执行力。

4. 制订合理的项目预算

项目预算是项目管理中不可忽视的一环。在项目规划阶段，制订合理的项目预算，明确各项支出，合理分配经费，确保项目能够按照计划有序进行。同时，要做好财务管理，确保经费的使用符合规定，并及时报账。

5. 关注项目质量

在整个项目过程中，质量管理是至关重要的。建立严格的质量控制体系，确保项目的研究成果具备一定的学术价值和实际应用性。进行定期的质量评估，及时发现和解决可能存在的质量问题。

（三）挑战与应对策略

1. 团队协作与沟通难题

挑战：项目团队成员分布在不同的地点，协作与沟通存在一定的困难。

对策：通过利用在线协作工具，建立虚拟工作空间，方便团队成员的沟通与协作。另外，定期召开视频会议，加强团队成员之间的交流，提高沟通效率。

2. 预算不足与经费管理问题

挑战：项目在执行过程中可能面临预算不足的问题，经费管理可能存在困难。

对策：在项目规划阶段，制订合理的预算计划，充分考虑项目的各项支出。在项目执行阶段，建立经费监管机制，确保每项支出都符合预算计划，避免出现因经费不足导致的问题。

3. 项目变更与调整

挑战：项目在执行过程中，可能会面临需求变更或其他不可控因素，需要进行调整。

对策：建立灵活的项目管理机制，对于合理的变更请求，及时进行调整。同时，建立变更管理流程，确保变更的合理性和可行性。

高职旅游科研项目的管理是保障项目顺利进行和取得预期成果的关键。通过规范的项目管理流程，合理利用项目管理工具，建立有效的沟通机制和团队协作机制，以及重视风险管理和问题解决，有助于提高项目的成功率。挑战与应对策略的制订也是项目管理过程中不可忽视的一部分，通过合理的规划和调整，可以更好地应对不可预知的因素。总体而言，高职旅游科研项目管理需要在理论与实践中不断摸索与创新，以确保项目的高效管理和取得优异的研究成果。

二、构建科研团队的组织与协同机制

科研团队的组织与协同机制对于高职旅游科研项目的成功与创新至关重要。一个有效的团队组织结构和协同机制能够促进团队成员之间的合作，提高团队的工作效率和科研成果的质量。

（一）科研团队的组织结构

1. 明确团队目标与任务

在构建科研团队的组织结构时，首先需要明确团队的科研目标与任务。团队的目标应与高职旅游科研项目的需求紧密相连，任务明确，使每个团队成员都清楚自己的工作方向，有助于形成团队整体的工作动力。

2. 设定团队组织架构

构建团队的组织架构是实现协同与高效工作的基础。一般而言，科研团队的组织架构包括团队领导、项目负责人、研究人员、实验室技术支持等。明确各成员的职责与权责关系，形成相对清晰的组织层次。

3. 建立横向与纵向联系

团队内部需要建立横向与纵向的联系，以促进信息流通和协同工作。横向联系可以通过团队成员之间的合作、交流活动来实现，而纵向联系则包括与上级领导、其他团队以及合作伙伴的联系，使团队在整个科研生态系统中得以良好运作。

（二）成员角色与职责明晰化

1. 团队领导与项目负责人

（1）团队领导

团队领导是整个科研团队的灵魂，负责整体科研方向的规划与决策。团队领导需要具备卓越的领导力和战略眼光，引领团队朝着共同的目标前进。

（2）项目负责人

项目负责人负责具体项目的实施和管理，需要在科研方向上有足够的经验和深刻的理解。项目负责人需要与团队领导保持密切的沟通，确保项目的方向与整体团队目标一致。

2. 研究人员

研究人员是团队中的主力军，负责具体的实验、调研、数据分析等工作。研究人员需要具备扎实的专业知识和独立的科研能力，同时要积极参与团队内的讨论和交流，分享研究成果。

3. 技术支持团队

技术支持团队负责实验室设备的维护和技术支持，保障研究工作的顺利进行。技术支持团队需要与研究人员紧密合作，提供专业的技术服务和解决实验过程中的技术难题。

（三）有效沟通与协作机制

1. 制订沟通计划

制订明确的沟通计划有助于团队成员之间及时了解工作进展和项目动态。沟通计划可以包括定期的团队会议、项目进展报告、在线沟通工具的使用等，确保信息畅通。

2. 建立在线协作平台

建立在线协作平台，使团队成员可以方便地共享文件、讨论问题、发布信息。这样的平台有助于提高团队的协作效率，尤其在团队成员分散的情况下，更显得重要。常见的在线协作工具包括Microsoft Teams、Slack、Trello等。

3. 激发团队合作精神

激发团队合作精神有助于提高团队的凝聚力和执行力。可以通过设立团队奖励机制、组织团队建设活动、分享成功案例等方式，促进团队成员之间的积极合作。

4. 定期团队培训

团队成员的专业知识更新是科研团队持续创新的关键。定期组织团队内部的专业培训，也可以邀请外部专家进行学术交流，以促进团队成员的专业水平不断提升。

（四）挑战与应对策略

1. 多地分布的团队成员

挑战：团队成员分布在不同地理位置，沟通和协作受到限制。

对策：利用先进的在线协作工具，建立虚拟办公室，加强远程团队成员之间的信息共享和沟通。定期线上会议也是确保团队协作的有效手段。

2. 专业领域的差异

挑战：团队成员可能来自不同的专业领域，理解和协调团队的工作可能存在难题。

对策：建立跨学科的协作机制，促进团队成员之间的专业交流。设立专业知识分享会，让不同领域的专家能够深入了解彼此的研究方向，有助于拓宽视野。

3. 项目方向变更

挑战：由于项目的复杂性，可能需要根据实际情况对项目方向进行调整。

对策：建立灵活的团队组织机制，能够迅速适应项目方向的变化。通过及时的沟通和决策，确保团队朝着调整后的目标共同努力。

构建科研团队的组织与协同机制是高职旅游科研项目成功的基础。通过明确团队目标与任务，建立合理的组织结构，明晰成员角色与职责，以及通过有效的沟通与协作机制，可以提高团队的整体执行力和创新能力。在面对多地分布、专业领域差异、项目方向变更等挑战时，通过灵活的对策和机制的调整，能够更好地应对不同情况。最终，一个高效协作、紧密团结的科研团队将为高职旅游科研项目的成功贡献力量。

三、科研项目的成果转化与应用

科研项目的成果转化与应用是科研工作的重要环节，直接关系到科研的实际社会价值和影响力。在高职旅游领域，科研项目的成果转化不仅关乎学术界的发展，更涉及产业应用和社会服务。

（一）科研项目成果转化的定义与重要性

1. 定义

科研项目成果转化是指将科研项目中所取得的理论、技术或实践成果转变为实际应用的过程。这一过程包括从实验室到市场的转化，将科研的成果应用于产业、社会服务或解决实际问题。

2. 重要性

（1）促进产学研合作

科研项目成果转化是产学研合作的桥梁，通过将学术研究成果转化为实际应用，可以为产业界提供新的技术和解决方案，同时也能够为科研机构提供实际应用的场景和问题，促进双方的合作。

（2）推动社会进步

科研项目成果转化直接影响社会的发展和进步。例如，在高职旅游领域，通过将研究成果应用于旅游业务管理、文化传承等方面，可以推动旅游产业的发展，促进文化的传播与交流。

（3）增强科研机构影响力

成功的科研项目成果转化可以提高科研机构的影响力和知名度。产业界和社会对科研机构的认可程度将直接影响科研成果的实际应用效果，从而吸引更多的资源和合作机会。

（二）实现科研项目成果转化的方法

1. 产业联盟与合作

（1）建立产业联盟

建立与产业相关的产学研合作联盟，促使科研机构与企业之间的密切合作。通过联合研发、技术转让等方式，实现科研成果在产业中的应用。

（2）制订合作协议

科研机构与产业界可以通过制订明确的合作协议，明确双方的权责和利益分配。合作协议可以包括技术转让、共同研发、专利权利用等内容，为成果转化提供法律和合同保障。

2. 专利申请与技术转让

（1）专利申请

对于具有创新性的科研成果，可以考虑进行专利申请。拥有专利权可以在一定期限内防止他人未经许可使用、制造、销售研究成果，从而保护创新成果的独特性。

（2）技术转让

将科研成果通过技术转让的方式应用于产业。科研机构可以与企业签署技术转让协议，将成果的使用权、专利权等有关权利转让给企业，获得相应的技术转让费用。

3. 创新基金与项目资助

（1）申请创新基金

创新基金是支持科研成果转化的资金来源之一。科研机构可以申请各级政府或企业设立的创新基金，用于推动科研成果的实际应用。

（2）项目资助

通过申请各类项目资助，包括国家科技计划、产业发展基金等，获取项目支持资金。这些资金可以用于推进科研成果在实际应用中的转化过程，例如进行实地测试、推广等。

4. 市场营销与推广

（1）市场调研

在进行科研项目成果转化前，进行市场调研，了解市场需求和竞争情况。科研成果需要符合市场需求，调研有助于调整成果的方向和应用领域。

（2）推广与营销

科研机构需要制订有效的推广和营销策略，将科研成果向产业界和社会推广。

（三）挑战与应对策略

1. 技术壁垒

挑战：科研项目成果可能涉及高新技术，企业在技术应用上存在一定的技术壁垒。

对策：建立产学研合作平台，通过技术培训、共同研发等方式，降低企业在技术应用上的壁垒。科研机构可以提供技术支持，帮助企业更好地理解和应用成果。

2. 市场认知不足

挑战：市场对于某些科研成果的认知度较低，导致推广困难。

对策：加强市场调研，了解市场需求，根据市场反馈调整推广策略。同时，通过与企业建立紧密的合作关系，共同推动科研成果在市场上的认知度提升。

3. 资金匮乏

挑战：科研项目成果转化需要一定的资金支持，但科研机构可能面临资金匮乏的问题。

对策：积极申请各类科研项目资助，争取政府、企业以及社会的支持。同时，科研机构可以探索多元化的资金来源，包括创新基金、产业合作资金等。

4. 法律法规风险

挑战：在成果转化过程中，可能涉及专利权、知识产权等法律法规风险。

对策：在项目开始阶段就对可能涉及的法律法规进行充分的论证，确保科研成果的合法性。与法律专业人士合作，及时处理知识产权问题，降低法律风险。

科研项目成果的转化与应用是科研工作的最终目标之一，也是对科研成果实际价值的检验。通过建立产学研合作、申请专利与技术转让、获取创新基金与项目资助，以及通过市场推广等方式，科研机构可以将成果应用于产业和社会，为社会提供更多实际的解决方案。在实践中，科研机构需要不断改进成果转化的方法，解决面临的挑战，确保科研成果能够真正服务于产业发展和社会进步。

第五节　旅游教育领域的前沿问题与研究方向

一、分析当前旅游教育领域的研究热点

旅游教育作为培养旅游专业人才的重要环节，一直以来都备受关注。随着旅游业的不断发展和社会需求的变化，旅游教育领域的研究也在不断深化和拓展。

（一）教学方法与模式

1. 创新教学方法

随着教育理念的不断更新，研究者对旅游教育中的创新教学方法进行了深入研究。这包括问题导向教学、案例教学、团队合作学习等。如何通过创新的教学方法提高学生的实际操作能力和解决问题的能力成为关注焦点。

2. 线上与线下教学融合

近年来，线上教育迅速发展，给旅游教育领域带来了新的机遇和挑战。研究者关注线上与线下教学融合的模式，探讨如何更好地利用在线资源，提升旅游教育的教学效果，同时保持实践性教学的特色。

3. 实践教学与实训基地建设

实践教学一直是旅游教育的核心，因此实训基地建设备受研究者的密切关注。如何设计和管理实训基地，提高学生在实践中的能力和经验，是当前旅游教育研究的重要议题。

（二）课程设计与内容

1. 国际化课程设计

随着旅游业国际化的趋势，研究者关注如何设计更符合国际标准和需求的旅游教育课程，涉及国际旅游市场、跨文化沟通、国际合作等方面的课程内容设计，以培养适应全球旅游业发展的专业人才。

2. 文化与历史课程融合

旅游业与文化、历史紧密相关，因此文化与历史课程的融合成为研究的

热点。如何将文化与历史元素有机地融入旅游教育中，提高学生对于旅游目的地文化的理解和尊重，是当前旅游教育研究的重要方向。

3. 可持续发展课程

可持续发展是当前旅游业的重要发展理念之一。因此，课程设计中不仅关注传统的旅游管理知识，还强调可持续旅游发展的理念。如何通过教育引导学生注重环境保护、文化尊重和社会责任，是当前旅游教育研究的热点问题。

（三）技术应用与创新

1. 虚拟仿真技术在旅游教育中的应用

虚拟仿真技术在旅游教育中的应用是当前技术创新的焦点之一。通过虚拟仿真技术，学生可以在模拟的环境中进行实际操作，提高实践能力。此外，虚拟现实（VR）和增强现实（AR）技术的应用也成为研究者关注的方向。

2. 大数据与人工智能在旅游教育中的运用

大数据和人工智能技术在旅游行业的应用已经逐渐成熟，而如何将这些技术运用到旅游教育中，提高教学效果，成为当前研究的热点。包括学习分析、个性化教学设计等方面的研究。

3. 在线教育平台与资源建设

随着在线教育的发展，建设适应旅游教育需求的在线平台和资源成为研究的关键。在线教育平台的设计、教学资源的开发以及学习管理系统的建设都是当前旅游教育研究的重要内容。

（四）社会责任与可持续发展

1. 旅游业的社会责任教育

随着社会责任概念的普及，旅游业的社会责任教育成为当前旅游教育研究的热点之一。研究者关注如何在旅游教育中引入社会责任理念，培养学生具备可持续发展观念、关注社会公益、尊重文化差异的专业素养。

2. 旅游业对社区的影响与回馈

旅游业对当地社区有着深远的影响，研究旅游业的社区影响，以及如何回馈社区，是当前旅游业社会责任研究的热点。研究者关注社区与旅游业之间的关系，探讨如何最大限度地实现旅游业的正面影响。

3.旅游业的可持续发展战略

可持续发展已经成为旅游业的主流发展战略。研究者关注如何在旅游教育中融入可持续发展理念，培养学生在未来从业中具备可持续发展策略的能力。同时，也关注旅游业可持续发展的实际操作和效果。

（五）学科交叉与跨界研究

1.旅游与文化、艺术的跨学科研究

旅游业与文化、艺术之间存在紧密联系，近年来涌现出一系列的跨学科研究。研究者关注如何在旅游教育中融入文化、艺术元素，培养学生对于旅游目的地的深度认知和体验。

2.旅游与环境科学的交叉研究

环境问题是全球性的挑战，旅游业作为一个与环境关系密切的行业，与环境科学的交叉研究备受关注。研究者关注旅游活动对环境的影响，探讨如何在旅游教育中培养学生的环保意识与责任感。

3.旅游与社会学、人类学的综合研究

旅游活动涉及人类社会的方方面面，因此与社会学、人类学等学科的综合研究备受关注。研究者关注旅游活动对社会结构、文化认同等方面的影响，以及如何通过旅游教育培养学生对社会的综合认知。

（六）未来发展趋势

1.科技与创新的持续渗透

未来，旅游教育将继续受益于科技的发展，包括虚拟仿真、人工智能、大数据等技术更加深入的应用。这将为旅游教育提供更多创新的教学手段和方法，提升学生实际操作和解决问题的能力。

2.国际化视野的强化

随着全球化的不断深入，旅游教育将更加注重国际化视野的培养。国际合作、跨文化交流将成为旅游教育中的重要组成部分，以培养具备国际竞争力的专业人才。

3.社会责任与可持续发展的深度融合

未来，旅游业将更加注重社会责任和可持续发展，将深刻影响旅游教育。培养学生具备社会责任感和可持续发展理念的教育模式将成为旅游教育未来的发展趋势。

4.学科交叉研究的深入推进

随着学科交叉研究的不断深入，旅游教育将更多地与其他学科进行融合，形成更为综合丰富的研究内容。跨学科的研究将为旅游教育领域带来更多的创新和发展机遇。

通过对当前旅游教育领域研究热点的分析，我们可以看到旅游教育正朝着更加多元化、创新化的方向发展。从教学方法到课程设计，再到技术应用和社会责任，旅游教育的研究正在全方位地推动着这一领域的发展。未来，随着社会需求和行业发展的不断演进，旅游教育将不断迎接新的挑战，同时也将在创新中不断焕发出新的活力。

二、提出未来高职旅游学科的前沿问题

高职旅游学科作为培养旅游专业人才的重要领域，面临着日新月异的社会和产业变革。随着全球旅游业的快速发展和科技的持续创新，高职旅游学科也需要不断关注并回应新的挑战和机遇。

（一）教学创新与方法论

1.创新性教育模式

未来，高职旅游学科需要面对如何构建更为创新性的教育模式的问题。这包括整合现代科技手段，如虚拟仿真、人工智能等，设计更符合学生学习特点和旅游业需求的教学模式。

2.跨学科融合的课程设计

未来，旅游业的发展将涉及多学科的知识，高职旅游学科需要探索如何融合跨学科的元素，设计更具前瞻性和实用性的课程，培养学生具备更广泛知识的综合素养。

3.线上线下深度融合

未来，随着在线教育的兴起，高职旅游学科需要思考如何更好地实现线上线下教学的深度融合。这既包括线上资源的优化利用，也包括线上线下教学环境的有机结合，以提升学生学习体验和教学效果。

（二）可持续发展与社会责任

1. 可持续旅游业的培养

随着社会对可持续发展的关注日益增加，高职旅游学科需要关注如何培养学生对可持续旅游业的认知和实践能力。这包括课程设置、实践教学、社会实践等多方面的探讨。

2. 社会责任与文化尊重

未来，高职旅游学科的前沿问题之一是如何更好地引导学生具备社会责任感和对不同文化的尊重。在培养旅游从业人员的同时，强调文化多样性和社会责任将成为高职旅游学科发展的重要方向。

3. 生态文明与旅游发展

未来，随着人们对环境保护的关注不断升温，高职旅游学科需要更加深入地研究生态文明与旅游发展的关系。如何在旅游业的发展中实现生态平衡，成为高职旅游学科需要解决的重要问题。

（三）科技应用与数字化转型

1. 虚拟仿真技术的深入应用

随着虚拟仿真技术的不断发展，高职旅游学科需要深入研究如何更好地应用这些技术于实际教学中。从虚拟旅游体验到实景模拟培训，虚拟仿真技术的深度融入将推动学科更好发展。

2. 大数据与智能化旅游服务

未来，旅游业将更加依赖于大数据和人工智能技术。高职旅游学科需要关注如何培养学生运用大数据进行市场分析、智能化旅游服务设计等技能，以适应数字化转型的需求。

3. 云端教育平台与开放式课程资源

高职旅游学科需要探索云端教育平台和开放式课程资源的开发和利用。如何打破传统教学模式，更加灵活地提供学习资源，促进学科知识的开放性共享，是高职旅游学科需要解决的重要问题。

第六章 高职旅游教育质量评价体系构建

第一节 高职旅游教育质量评价的理论基础

一、教育质量评价的基本理念与原则

教育质量评价是对教育过程和教育结果进行系统和全面评估的一种手段，旨在提高教育的质量、促进教育的可持续发展。教育质量评价的基本理念和原则是构建和确保一个科学、公正、客观、全面的评价体系，以促进学生全面发展、提高教育质量、满足社会需求。

1. 综合性原则

教育质量评价应该是综合性的，全面考察教育过程和结果的方方面面。这一原则意味着评价应该包括学科知识、实际应用能力、创新能力、社会责任感等多个方面，以全面了解学生的发展状况。评价内容应该涵盖认知、情感、技能等多个层面，确保对学生的评价全面客观。

2. 科学性原则

教育质量评价应该基于科学的理论和方法，确保评价过程的科学性和客观性。评价工具和方法应该经过科学设计和验证，避免主观臆断和片面性。科学性原则强调评价工作应该建立在严密的理论基础上，同时结合实际，确保评价的准确性和有效性。

3. 公正性原则

公正性是教育质量评价的核心原则之一。评价应该在公平的基础上进行，避免歧视，确保每个学生都有平等的机会和权利。评价过程应该关注学生的个体差异，不偏袒任何特定群体。此外，评价结果的反馈应该及时、准确，

帮助学生发现问题、改进和提高。

4. 时效性原则

教育质量评价应该具有时效性，及时反映学生的学习状况和教育效果。这需要及时收集、分析和反馈评价结果，以便教师和学生能够及时调整教学和学习策略。时效性原则还包括评价工具和方法的更新，以适应不断变化的教育环境和社会需求。

5. 参与性原则

评价应该是参与性的，促使学生、教师、家长等教育相关各方参与到评价过程中。学生应该在评价中扮演更为主动的角色，参与自我评价、同伴评价等形式。教师也应该参与评价，通过对评价结果的分析，不断改进和优化教学过程。这种参与性的评价有助于形成合作共建的教育环境。

6. 社会效益原则

教育质量评价的最终目的是服务社会，提高整体的社会效益。评价结果应该与社会需求和发展方向相契合，确保培养的人才符合社会的需要。院校和教师应该对社会负责，通过评价不断调整教学目标和方法，为社会提供更多有价值的人才。

7. 透明度原则

评价过程和标准应该是透明的，对所有相关方都应该是可理解和可接受的。透明度原则要求评价标准和评价过程公开透明，确保评价结果的可信度。透明度有助于建立信任，使得评价结果更具有说服力和可操作性。

8. 持续改进原则

教育质量评价是一个动态的过程，应该持续改进。这需要不断反思评价体系的设计、评价工具的使用、评价结果的反馈等方面，以适应不断变化的教育环境和需求。持续改进原则强调评价不是一次性的工作，而是一个不断优化的过程。

在实际的教育质量评价中，以上原则相互关联、相互支持，构成一个完整的评价体系。综合运用这些原则，可以建立起科学、公正、可操作的教育质量评价机制，推动教育事业的不断发展和提高。

二、高职旅游教育特有的评价考量

高职旅游教育是针对培养具备旅游专业知识和实际操作技能的专门人才而设计的教育体系。在评价这类教育的过程中，需要考虑一系列特有的因素，以确保评价的全面性、科学性和实用性。

（一）课程设置与内容更新

1. 行业导向的课程设置

评价高职旅游教育首先需要关注课程设置是否与旅游行业的实际需求相匹配。这包括核心课程是否涵盖了旅游管理、导游服务、旅游规划等行业关键领域。评价者需要考察课程是否具有较强的行业导向性，是否紧密关联行业标准和最新发展趋势。

2. 实际案例和项目导向的教学

评价高职旅游教育还需要关注课程是否融入实际案例和项目，以培养学生解决实际问题的能力。教学内容应该贴近实际业务，学生在学习中能够接触到真实的旅游业务场景，提高实际操作能力。

3. 灵活性和更新性

评价高职旅游教育应该考察课程设置的灵活性和更新性，以适应旅游行业快速发展的特点。课程是否能够随时调整以适应新兴领域的需求，是否能够灵活应对行业变化，对评价的科学性和实用性至关重要。

（二）实践能力培养与实习实训

1. 实践教学的权重

高职旅游教育的核心目标之一是培养学生的实际操作能力。评价高职旅游教育需要关注实践教学在整体课程中的权重，以确保学生能够通过实际操作获得实用技能。实践能力的培养是评价的重要维度，要关注学生在实际工作场景中的表现。

2. 实习实训的质量和广度

评价高职旅游教育还需要考察实习实训的质量和广度，实习是否能够真实反映旅游行业的工作环境，实训项目是否能够全面涵盖不同领域和岗位。实习实训的设计应当贴近行业需求，确保学生毕业后能够顺利融入实际工作。

3. 行业认可度和合作关系

实践能力的培养也与院校和旅游行业的紧密合作相关。评价高职旅游教育需要考察院校与旅游企业、景区、旅行社等行业机构的合作关系，以及实践教学是否受到行业的认可和支持。

（三）行业认证与资格考试

1. 行业认证的整合

高职旅游教育通常与行业认证和资格考试关系密切。评价时需要考察院校是否整合了相关的行业认证体系，如导游证、旅行社从业资格证等。这有助于提升学生就业竞争力，也是评价教育质量的一个重要指标。

2. 学生通过率和就业率

评价高职旅游教育的成效也可以通过学生参加行业认证和资格考试的通过率和就业率来衡量。高通过率和就业率通常意味着教育质量较高，学生在实际应用中表现出色。

（四）学科特色与创新

1. 研究方向与创新项目

评价高职旅游教育还需关注院校是否在学科建设上具有鲜明特色和创新点。是否设有独特的研究方向、专业实验室或者创新项目，以提升学科水平和吸引更多有志从事旅游行业的学生。

2. 科研和实践结合

评价高职旅游教育还需考察院校是否将科研和实践紧密结合。高职旅游教育的特色之一是要培养具备实际操作经验的专业人才，考察科研项目是否与实际需求相契合，是否能够服务于地方旅游业的发展。

（五）国际化视野与外语能力

1. 国际课程和交流项目

评价高职旅游教育是否具备国际化视野，是否设置了国际课程，是否有国际交流项目，是否能培养学生具备跨文化沟通和合作的能力。

2. 外语教育和实际运用

由于旅游行业的国际性，评价高职旅游教育还需要关注外语教育的质量，评估外语课程的设置、教学方法的创新，以及学生在实际运用外语的能力。

外语能力是旅游专业人才在国际交流与合作中必不可少的素养。

（六）信息技术应用与数字化能力

1. 信息技术整合

随着社会的数字化发展，旅游行业也越来越依赖信息技术。评价高职旅游教育需要关注院校是否整合了信息技术，包括使用先进的旅游管理软件、模拟系统等，以提高学生在数字化环境中的适应能力。

2. 数字化能力培养

评价高职旅游教育还需要考察院校是否注重培养学生的数字化能力。这不仅包括基本的电脑操作技能，还应涵盖对大数据分析、数字营销等方面的了解和应用。数字化能力的培养将有助于学生更好地适应未来数字旅游时代的发展。

（七）社会责任感与可持续发展意识

1. 社会实践与服务

评价高职旅游教育还需要考察院校是否注重培养学生的社会责任感。这可以通过社会实践和服务活动来体现，例如参与社区旅游规划、推动可持续发展项目等。学生是否具备关爱环境、尊重文化的意识，是评价社会责任感的重要标准。

2. 课程设置与可持续发展教育

评价高职旅游教育还需要关注院校是否在课程设置中融入了可持续发展教育。是否有相关的课程，涵盖可持续旅游管理、文化保护与尊重、生态环境保护等方面，以培养学生对可持续发展的理解和实践能力。

（八）就业与行业反馈

1. 毕业生就业率与满意度

高职旅游教育的评价离不开毕业生的就业情况和满意度。调查毕业生的就业率、就业岗位与所学专业的匹配度、起薪水平等，以及他们对学校教育的满意度。这直接反映了高职旅游教育的实际效果和对毕业生职业发展的支持程度。

2. 行业对院校的评价

另外，行业对院校的评价也是一个关键指标。通过了解行业对毕业生的认可程度、对院校教育质量的评价，可以更全面地了解院校的优势和不足，有助于进一步提高教育质量。

在评价高职旅游教育时，需要综合考虑以上因素，形成一个全面、科学、可操作的评价体系。这样的评价体系不仅有助于院校自身的发展和提升，也能够更好地满足旅游行业对专业人才的需求，促进教育与行业的有机结合。

第二节 高职旅游教育质量标准与指标体系

一、制订与调整高职旅游教育质量标准

制订与调整高职旅游教育质量标准是推动高职旅游教育发展的关键举措之一。高职旅游教育质量标准的制订和调整涉及多方面的因素，包括行业需求、教育理念、课程设置、师资队伍、实践环节等。

（一）背景介绍

1.高职旅游教育的重要性

高职旅游教育作为培养旅游从业人员的主要途径之一，对行业的可持续发展起着关键作用。随着旅游业的不断壮大和多元化发展，对高素质、全面发展的旅游专业人才的需求日益增加。

2.质量标准的作用

质量标准是衡量教育质量的重要依据，对于规范教育过程、提高培养质量、适应行业需求具有重要意义。通过制订和调整质量标准，可以更好地满足旅游行业对专业人才的需求，提高教育质量。

（二）制订高职旅游教育质量标准的过程

1.行业需求调研

制订高职旅游教育质量标准的第一步是深入了解旅游行业的发展趋势和人才需求。这可以通过与行业协会、企业、专业人士的沟通、调研等方式进行，以确保质量标准与实际需求相匹配。

2.教育理念的引入

在制订质量标准的过程中，要考虑教育理念的引入。包括但不限于注重

实践能力培养、培养创新思维、注重国际化视野等方面。这有助于培养具有综合素质的旅游专业人才。

3. 课程设置和教学方法

质量标准的核心是课程设置和教学方法的规范。需要明确各个阶段的课程设置，注重理论与实践的结合，合理运用多种教学方法，确保学生在学习过程中能够全面发展。

4. 师资队伍建设

优质的师资队伍是高职旅游教育成功的关键。制订质量标准时，要明确师资的素质要求，包括教学经验、行业经验、研究能力等。同时，要关注师资队伍的培养和发展，确保其与行业保持紧密联系。

5. 实践环节设计

旅游教育的特点是实践性强。因此质量标准必须包含对实践环节的规范，包括实习安排、实践课程设计、实地考察等方面，确保学生在校期间能够接触和解决实际问题。

6. 评估与监控机制

建立健全评估与监控机制是质量标准制订的关键一环。通过定期的评估，可以发现问题并及时调整标准，确保其与时俱进，保持灵活性。

（三）质量标准的调整与优化

1. 定期评估

质量标准的调整与优化是一个动态过程。定期进行评估，可以了解标准实施的效果，发现存在的问题和不足，为进一步的调整提供数据支持。

2. 与行业合作

与旅游行业保持密切的合作是质量标准调整的有效途径。通过与企业、协会的合作，获取行业动态信息，及时调整质量标准，确保教育与行业需求保持同步。

3. 结合国际标准

旅游行业具有国际性特点，因此质量标准的调整可以借鉴国际标准。与国际接轨有助于提高教育水平，培养具有国际竞争力的人才。

4. 学科交叉融合

随着社会的发展，旅游行业与其他行业的交叉越来越多。在调整质量标准时,可以考虑学科交叉融合,培养更具综合素质的人才,适应多领域的需求。

高职旅游教育质量标准的制订和调整是一个复杂而系统的过程,需要综合考虑行业需求、教育理念、课程设置、实践环节、师资队伍等多方面因素。未来,应不断优化标准,紧密结合行业发展趋势,注重实践能力培养、引入先进技术与创新教育模式、加强国际合作与交流,以培养更符合时代需求的高素质旅游专业人才。这样的努力将为旅游行业的可持续发展和社会经济的繁荣做出积极贡献。

二、标准与指标的动态更新机制

动态更新机制是质量评价体系的重要环节,能够保证评价标准和指标的及时性、灵活性,以适应不断变化的教育环境和行业需求。

(一)背景介绍

1. 教育和行业的不断变化

教育和行业环境都是动态的。随着社会经济的发展、科技的进步以及行业的不断演变,对于教育质量的要求也在不断提高。因此,质量评价标准和指标需要具备灵活性,能够随时应对变化。

2. 为什么需要动态更新机制

静态的评价标准和指标可能无法及时反映新兴趋势、技术的更新、行业的需求变化等因素。因此,需要建立一种动态更新机制,以保持评价体系的前瞻性和有效性。

(二)动态更新机制的构建

1. 确定更新周期和频率

首先,需要确定评价标准和指标的更新周期和频率。这可以根据行业发展的速度、教育变革的需求以及学科特点等因素来确定。通常,可以设置每年或每两年进行一次评估和更新。

2. 制订更新流程和明确责任方

制订清晰的更新流程,明确谁负责提出更新建议、谁负责审批和实施。涉及角色包括教务处、学科带头人、行业专家、学生代表等。评价标准和指标的更新是一个多方共同参与的过程。

3.利用信息化技术支持

利用信息化技术，建立在线的更新平台，方便各方提交建议、讨论意见。这样可以更加高效地收集、整理和分析各类信息，提高更新的时效性。

4.建立数据驱动的更新机制

通过收集和分析大量的教育数据、学生表现数据、行业数据等，建立数据驱动的更新机制。这可以帮助评价体系更加客观、科学地反映教育质量的实际情况。

5.定期召开评价体系更新会议

设立定期的评价体系更新会议，让相关方在一个固定的时间节点汇聚一堂，共同讨论并决定是否需要对评价标准和指标进行更新。这有助于形成共识，保证更新的公正性。

6.引入外部专家评估

定期邀请外部专家参与评价体系的审查和更新，以获取更客观、独立的意见。外部专家可以从国际、国内其他教育机构和行业组织中招募。

（三）动态更新机制的关键环节

1.评估当前教育和行业状况

在每一次更新周期开始前，需要对当前的教育和行业状况进行全面评估。这包括对行业趋势、技术进步、政策变化等因素的分析。

2.收集各方意见和建议

通过调查、座谈会、专家论证等方式，广泛收集来自学生、教师、企业代表、行业专家等各方的意见和建议。确保多元参与，充分考虑各方利益。

3.制订更新计划

基于评估结果和各方建议，制订具体的更新计划，明确需要更新的具体标准和指标，以及更新的时间表。

4.实施更新

按照更新计划，逐步实施标准和指标的更新，涉及教学计划的调整、师资队伍的培训、实践环节的改进等方面。

5.监测和调整

在更新后的一段时间内，持续监测更新效果，收集各方反馈。如果发现新的问题或需要进一步优化，及时进行调整和改进。

（四）应对可能的挑战

1. 领导层支持

确保院校领导对评价体系的动态更新机制充分支持，提供足够的资源。

2. 各方合作

建立良好的合作机制，确保院校、教师、学生、企业等各方在评价体系的更新中能够积极合作。

3. 信息透明

保持更新过程的信息透明，及时向各方公布评价体系的更新动态，以建立信任和共识。

4. 持续培训

对参与评价体系更新的相关方进行培训，使其了解评价体系的理念、原则和具体操作流程，提高其参与度和贡献度。

建立质量评价标准与指标的动态更新机制是一项复杂而长期的工程，需要各方通力合作，充分发挥各方的专业性和创造性。动态更新机制的建设是为了保持教育体系的活力和适应性，更好地服务学生、满足行业需求。

第三节 高职旅游教学过程的质量评估方法

一、课堂教学质量评估方法与工具

课堂教学质量评估是提高教学效果、促进教师专业发展的关键环节。为了更全面、客观地评估教学质量，需要采用多元化的方法和工具。

（一）评估方法

1. 学生评价

（1）问卷调查

学生通过匿名的问卷表达对课堂教学的意见和看法。问卷可以包括对教学内容、教学方法、教师表现等方面的评价，以及提供改进建议。

（2）小组讨论

将学生分成小组，进行小组讨论，了解他们对课程的看法。这种方法有助于深入挖掘学生的真实感受，促使他们分享和交流。

（3）学生日记

鼓励学生记录每堂课的感受和体会，包括对教学内容的理解、自身的收获等。学生日记可以更深入地了解学生在学习过程中的感受。

2. 同行评教

（1）课堂观摩

邀请其他教师、专业人士等进行课堂观摩，提供不同视角的反馈。观摩者可以提出专业性的意见和改进建议。

（2）同行评议

教师定期参加同行评议活动，互相观摩课堂，提供互动性的反馈和建议。这有助于教师之间的专业交流和共同提高。

3. 教师自我评价

（1）教学反思

教师通过反思自己的教学过程，分析每堂课的优势和不足，提出改进计划。这种方法有助于教师自我发现问题，推动专业成长。

（2）教学日志

教师可以记录每节课的备课过程、教学方法的运用、学生反馈等信息，从而形成教学日志。通过不断总结和分析日志，教师能够更全面地了解自己的教学状况。

（二）评估工具

1. 观察记录表

（1）课堂氛围观察

观察课堂的氛围，包括学生的参与程度、互动情况、学习氛围等，以评估课堂是否活跃。

（2）教学方法运用

观察教师的教学方法，包括板书运用、多媒体使用、案例讲解等，以评估教学方法的多样性和灵活性。

（3）学生表现

记录学生在课堂上的表现，包括回答问题的质量、参与讨论的程度、作业完成情况等，以评估学生的学习状况。

2.问卷调查表

（1）教学满意度调查

设计问卷调查表，让学生对整体的教学进行评价，涉及教学内容、教学方法、教师态度等多个方面。

（2）课程难易度评估

学生通过问卷表达对课程难易度的看法，帮助教师更好地调整课程难度，使课程适应学生的学习水平。

3.反馈性评估工具

（1）即时反馈工具

利用即时反馈工具，如在线投票系统、电子白板等，让学生实时反馈对课堂的理解程度、兴趣程度等。

（2）问题质量评估

设计问题质量评估表，用于评估教师提出的问题的难度、启发性，以及学生回答问题的质量。

4.学习成果评估

（1）课程评价表

通过课程评价表，学生可以对整个课程的学习成果进行自我评价，包括知识掌握程度、实际应用能力等。

（2）作业和考试评估

分析学生的作业完成情况和考试成绩，从中获取学生学习成果的信息，帮助教师调整教学策略。

（三）评估工具的有效使用

1.结合不同评估工具

（1）综合使用

综合使用不同的评估工具，充分发挥各种工具的优势，形成多维度、多角度的评估体系。

（2）时机灵活

评估工具的使用时机要灵活，有些工具适合用于课堂即时反馈，有些则适合用于课后综合评估。灵活选择和搭配不同工具，使评估更具针对性和全面性。

2. 采用定性和定量相结合的方法

（1）定性评估

结合学生评价、同行评议等定性评估方法，通过开放性问题、讨论记录等形式获取更为细致的信息。

（2）定量评估

运用问卷调查、观察记录表等定量评估工具，通过数字化的数据更直观地了解教学质量的整体状况。

3. 及时反馈和调整

（1）即时反馈

尽可能在课程中收集即时反馈，通过学生的实时评价和观察记录，及时发现问题，进行教学调整。

（2）周期性反馈

定期进行评估总结，利用学期末、学年末等时间节点，分析学生评价、同行评议等结果，及时调整下一学期的教学策略。

4. 建立改进机制

（1）教学改进计划

根据评估结果，制订具体的教学改进计划，包括调整教学方法、优化教学资源、增设实践环节等方面。

（2）经验分享

建立教师之间的经验分享机制，鼓励教师分享成功经验和教训，促进彼此共同成长。

5. 营造良好的教学氛围

（1）支持性反馈

鼓励积极正面的学生反馈，给予学生正向的支持和鼓励，营造良好的教学氛围。

（2）透明度

打造透明的教学环境，让学生了解教学目标、评估标准，增加学生对教学过程的信任感。

（四）评估方法与工具的挑战和解决方案

1. 学生主观性

（1）挑战

学生评价容易受到主观因素的影响，可能受到个体情绪、个人喜好等因素的干扰。

（2）解决方案

采用多元化的学生评价工具，结合问卷调查、小组讨论、学生日记等方法，综合考虑多方面因素，减轻主观性带来的影响。

2. 同行评教的可行性

（1）挑战

同行评教可能受到时间、资源等方面的限制，不容易实施。

（2）解决方案

采用定期的同行评议会，提前安排好观摩和评议的时间，确保同行评教的可行性。同时，通过线上平台进行远程同行评教，增加评教的灵活性。

3. 教师自我评价的客观性

（1）挑战

教师自我评价容易受到个人主观意愿和自我认知的影响，可能存在过于乐观或过于悲观的倾向。

（2）解决方案

鼓励教师进行反思和自我评价，但同时引入同行评议和学生评价等多方面的反馈，以提高评价的客观性。

4. 工具使用难度

（1）挑战

部分教师对于一些新颖的评估工具可能存在使用难度，需要进行一定的培训。

（2）解决方案

院校可以开展相关的培训，帮助教师熟悉和掌握各种评估工具的使用方法，提高其使用的效果。

综合而言，课堂教学质量评估方法与工具的选择应具备科学性、全面性和实用性。通过学生评价、同行评议、教师自我评价等多方面的反馈，结合观察记录表、问卷调查表等多元化的工具，能够更好地了解和改进教学质量，促进教学的不断提升。在实际应用中，根据学科特点、教学目标等情况，有针对性地选择合适的评估方法和工具，确保评估的科学性和有效性。

二、实践教学过程中的评价手段

实践教学过程中的评价是对学生在实际操作中所掌握的知识、技能和能力进行全面、客观、科学的量化和描述性评估。通过实践教学评价，不仅能检验学生的学习成果，还能为教学过程的改进提供重要依据。

（一）实践教学评价的基本原则

1. 全面性

实践教学评价应该全面考查学生在实际操作中所涉及的各个方面，包括专业知识、实际技能、创新能力、团队协作等多个层面。

2. 实用性

评价结果需要具有实用性，即学生通过评价能够得到有关自己实际表现的有用信息，从而能够更好地改进和提升。

3. 量化与描述性相结合

采用量化的评价指标，同时结合描述性评价，以更全面、细致地描述学生在实践环境中的表现，既注重数据的客观性，又关注数据背后的具体情境和行为。

4. 反馈及时性

实践教学评价的反馈应当及时，使学生能够在实践过程中不断调整和改进，以达到更好的学习效果。

（二）实践教学评价手段

1. 实验报告与论文

（1）实验报告

要求学生在实验后提交实验报告，报告内容涵盖实验目的、方法、数据分析、结果讨论等。通过实验报告，能够评价学生对实验过程和结果的理解能力，以及对科学写作的掌握程度。

（2）实践论文

对于更为复杂的实践项目，可以要求学生完成实践论文。实践论文除了包括实验报告的内容外，还需加入对相关理论的深入分析和拓展，以及对实践过程中遇到问题的解决思路等。

2. 项目展示与演示

（1）项目展示

要求学生通过项目展示向同学和教师展示他们完成的实践项目，包括项目的设计、实施过程、成果展示等。评价侧重于学生对项目的整体把控能力和表达能力。

（2）技能演示

要求学生在实际操作中进行技能演示，可以是对某项实际技能的展示，也可以是对实验仪器设备的正确使用演示。评价主要着眼于技能的熟练程度和操作规范性。

3. 实践报告评价

（1）评分维度

通过设定评分维度，对实践报告进行细致评价。评分维度可以包括实验操作、数据处理、问题解决、结论阐述等多个方面。

（2）评价标准

制订明确的评价标准，例如对实验设计的合理性、数据准确性、结论合理性等方面进行具体评估，以确保评价的客观性和公正性。

4. 任务书和计划书的评估

（1）任务书评估

学生在实践开始前通常需要提交任务书，其中包括实践的目的、计划、实施步骤等。评价主要关注任务书的清晰度、可行性、科学性等。

（2）计划书评估

在实践进行中，学生可能需要提交实践计划书，详细说明实践的过程、方法、时间节点。评价要注重计划的合理性、实施步骤的可行性等。

5. 口头答辩与问答

（1）口头答辩

要求学生在实践结束后进行口头答辩，对实践项目进行详细解释，回答教师和同学的提问。评价主要关注学生的表达能力、对实践项目的深度理解以及对问题的回答能力。

（2）问答环节

通过提问学生的方式，测试学生对实践过程和实践成果的理解程度。这种方式不仅能检验学生的学习效果，还能促使学生主动思考和总结。

6. 同行评价和团队评价

（1）同行评价

将学生分成小组，让小组成员对彼此的表现进行评价。这有助于培养学生的团队协作精神，同时可以使学生获得同龄人的客观评价。

（2）团队评价

对整个团队的协作和成果进行评价。团队评价可以通过小组讨论、团队报告等方式展开，有助于培养学生的团队协作和沟通能力。

（三）实践教学评价

1. 设立明确的评价标准和指标

在实践教学过程中，首先需要设立明确的评价标准和指标。这些标准和指标应该与实践项目的目标、课程要求相一致，并能够全面反映学生在实际操作中的表现。标准和指标的明确性有助于评价的客观性和公正性。

2. 制订评价工具和表格

根据评价标准和指标，设计相应的评价工具和表格，以便收集、记录和分析学生的表现。这可以包括实验报告评分表、技能演示评价表、任务书评价表等。工具和表格的制订应该简明扼要，便于使用和理解。

3. 培训评价者

对参与实践教学评价的教师或评价者进行培训是保证评价效果的关键。培训内容可以包括评价标准的理解、评价工具的正确使用、评价过程中注意事项等。评价者需要具备专业知识和评估技能，以确保评价的科学性和客观性。

4. 确保评价的公正性

实践教学评价过程需要确保公正性，避免评价者个人主观意愿的影响。可以通过采用双评价、多评价者的方式，以及匿名评价等手段来减少主观性的干扰。

5. 引入自评和互评机制

鼓励学生参与到评价过程中，进行自我评价和互相评价。这样可以培养学生的自我认知和团队协作能力，同时提供了额外的评价信息。

6.结合课程设计进行评价

将实践教学评价与课程设计相结合，使评价不仅仅关注学生的实际操作技能，还关注学生对实践项目整体设计的理解和运用能力。这有助于将实践教学评价融入整个课程体系中。

（四）实践教学评价的挑战与应对策略

1.学生个体差异

（1）挑战

学生在实践中表现的水平存在个体差异，评价可能受到学生个体差异的影响。

（2）应对策略

通过设定不同层次的评价标准，充分考虑学生个体差异，确保评价的公正性。同时，提供个性化的指导和支持，帮助每个学生更好地发展和提高。

2.评价过程中的主观性

（1）挑战

评价过程中可能受到评价者主观意愿的影响，存在评价标准的不一致性。

（2）应对策略

通过培训评价者，确保他们对评价标准的理解一致性。同时，采用多评价者和匿名评价的方式，减少主观性的干扰，提高评价的客观性。

3.评价工具的合理性

（1）挑战

评价工具的设计可能存在不合理性，影响评价的准确性和有效性。

（2）应对策略

在评价工具设计前，进行充分的讨论和试行，征求多方意见，确保评价工具合理、有效，并在实施过程中及时进行调整和优化。

4.评价结果的反馈

（1）挑战

评价结果的及时反馈是保证学生能够在实践过程中不断调整和改进的关键，但可能存在反馈不及时的情况。

（2）应对策略

设立明确的反馈机制，确保评价结果能够及时传达给学生。同时，引入学生自评和互评，使学生更主动地参与到评价和反馈的过程中。

实践教学评价是提高学生实际操作能力和实际应用能力的关键环节。通过合理设计评价手段，结合明确的评价标准和指标，可以更全面、客观地评价学生在实际操作中的表现。同时，评价过程中需要关注学生个体差异，确保评价结果对于学生的个体成长具有针对性。不断改进评价手段和策略，使实践教学评价更加科学、有效，为学生的全面发展提供更有力的支持。

三、学生参与评价与反馈机制

学生参与评价与反馈机制是现代教育体系中的一个重要组成部分，强调学生在教育过程中的主体性和参与性，通过积极参与评估和反馈，促使学生更好地理解自己的学习状况、提高自主学习能力，同时也为教师提供了更直接、全面地了解学生需求的途径。

（一）学生参与评价的理念

1. 学生主体性和参与性

学生参与评价的理念强调学生在学习过程中应具备主体性和参与性。学生不再是被动接受知识的对象，而是教育过程中的主体，通过参与评估活动，能够更好地了解自己的学习状态、发现问题、制订改进计划。

2. 提高学生的学习动机

学生参与评估不仅能够让学生更好地认识自己，还可以激发学生的学习兴趣和动机。当学生能够参与到对自己学业的评价中，他们更有可能产生对学习的积极态度，主动思考问题、解决问题。

3. 培养学生的自主学习能力

学生参与评价有助于培养学生的自主学习能力。通过参与评价，学生能够逐渐养成自我反思、自我管理的习惯，提高自己的学习效能感，更好地适应未来需要自主学习的环境。

（二）学生参与评价的方式

1. 学生自评

（1）自我反思

学生通过反思自己的学习过程，包括学习目标的设定、学习计划的执行、知识的掌握等方面，对自己的学习状态进行全面的自我评价。

（2）自我评分

在一些任务完成后，学生可以对自己的表现进行评分。这种方式可以让学生更客观地看待自己的优势和不足，形成更真实的自我认知。

2. 学生互评

（1）小组讨论

学生以小组形式展开讨论，相互分享对彼此学习状态的观察和建议，从多个角度获取别人对自己的评价。

（2）同辈评价

学生通过对同级同学的作品、报告等进行评价，提供建设性的反馈，从而学会正确认识他人，拓展自己的视野。

3. 学生参与课程设计和评价标准的制订

（1）课程设计

学生可以参与到课程设计的过程中，包括确定学习目标、选择教材、设计课程内容等，以确保教学内容更符合学生的实际需求。

（2）评价标准的制订

学生可以参与到评价标准的制订中，明确评价的侧重点、具体指标，确保评价更为全面和客观。

（三）学生参与反馈的重要性

1. 提高教育效果

学生参与反馈是提高教育效果的关键因素之一。通过学生对教学过程和教师的反馈，教师可以更准确地了解学生的学习状态，及时调整教学策略，提高教学的针对性和实效性。

2. 增强教学透明度

学生参与反馈有助于增强教学透明度。学生了解自己的学习成绩、学科排名等信息，能够更清晰地认识到自己的优势和不足，从而更有针对性地制订学习计划。

3. 促进教师与学生的互动

学生参与反馈能够促进教师与学生之间的互动。教师可以通过学生的反馈，更深入地了解学生的需求和期望，为提供更好的教育服务奠定基础。

（四）学生参与反馈的方式

1. 课程评价

（1）课程评价表

学生通过填写课程评价表，对教学内容、教学方法、教材使用等方面进行评价，为教师提供改进方向。

（2）小组讨论

通过小组讨论的形式，学生可以分享对课程的看法，互相交流体会，从而提供更丰富的反馈信息。

2. 作业和考试反馈

（1）作业批改

教师及时对学生的作业进行批改，并给予详细的评语，帮助学生更好地理解自己的错误和提高水平。

（2）考试反馈

在考试结束后，教师需要对试卷进行详细解析，让学生了解自己在哪些方面做得好，哪些方面存在问题。同时，可以安排面对面的答疑环节，回答学生对考试内容的疑问。

3. 项目和实践反馈

（1）项目评价

对学生参与的项目进行全面评价，包括项目设计、执行过程、成果展示等。通过评价结果，提供有针对性的建议，促使学生在未来的项目中有更好的表现。

（2）实践经验分享

鼓励学生分享实践经验，通过小组讨论、座谈会等形式，让学生分享在实践中的收获和问题，形成共同学习的氛围。

4. 教学环节中的实时反馈

（1）课堂参与度

通过观察学生在课堂上的参与度，包括提问、回答问题、小组讨论等，及时发现学生的学习状态和问题。

（2）课后问答

设置课后问答环节，鼓励学生提出问题，教师及时回答并解决学生的疑惑，促进学生的学习。

（五）建立学生参与评价与反馈的机制

1. 制订明确的参与规则

为了确保学生参与评价与反馈的有效性，需要制订明确的参与规则。规定学生参与的方式、时间、频率等，确保评价与反馈的正常进行。

2. 提供培训和指导

为学生提供参与评价与反馈的培训和指导，让他们了解评价的意义、参与的方法以及如何提供有意义的反馈。培训和指导的目的是帮助学生更好地理解自己的学习过程，并提供有建设性的反馈。

3. 建立信息透明机制

建立信息透明机制，向学生清晰地展示评价与反馈的结果。通过向学生公开课程评价、成绩分布、教学反馈等信息，增强信息透明度，让学生更加明了教学情况，促进积极的学生参与。

4. 设立奖励机制

为积极参与评价与反馈的学生设立奖励机制，通过表扬、荣誉证书等方式，激励学生更积极地参与评价与反馈，形成良好的学习氛围。

学生参与评价与反馈机制是现代教育推崇的一种教育理念，通过学生的参与，能够更全面、客观地了解学生的学习状态，为教师提供更有效的改进方向。建立科学的机制、明确的规则和有效的反馈方式是确保学生参与评价与反馈机制成功实施的关键。教师需要关注学生的需求，积极倾听他们的声音，不断改进评价和反馈的流程，以更好地促进学生的全面发展。

第四节　高职旅游学生综合素质评价与个性化发展

一、构建学生综合素质评价体系

学生综合素质评价是教育领域的一个重要议题，关乎学生的全面发展和社会的未来。构建一套科学合理的学生综合素质评价体系，不仅能够更准确地反映学生的综合素养，还能够激发学生的学习兴趣，促使其全面发展。

（一）构建原则

1. 全面性原则

学生综合素质评价体系应当全面覆盖知识、技能、情感、态度等多个方面，确保全面、均衡地反映学生的发展状况。这需要包括学科知识、创新能力、社会责任感、团队协作精神等多个维度的评价内容，使评价结果更具有代表性。

2. 个性化原则

每个学生都是独特的个体，具有不同的潜能和兴趣。因此，评价体系应当具备一定的灵活性，能够根据学生的个性差异，量身定制相应的评价指标和方法，促使每个学生充分发展自己的优势。

3. 渐进性原则

学生综合素质评价应当具有渐进性，能够反映学生在不同阶段的成长和进步。评价体系需要考虑学生的发展轨迹，通过设定阶段性目标和评价标准，引导学生逐步提升自己的素质水平。

4. 公正性原则

评价体系应当保持公正，避免一刀切的评价方式。公正性原则要求评价过程公平、客观、透明，杜绝一切可能导致评价结果失真的因素。

（二）内容要素

1. 学科知识

学科知识是学生发展的基石，因此评价体系首先需要包括对学科知识的评价。可以采用考试、作业、项目等多种方式，综合评价学生在不同学科领域的掌握程度。

2. 创新能力

现代社会对创新能力的需求越来越迫切，因此评价体系需要关注学生的创新潜能和实际创新成果。可以通过科研项目、创业计划、艺术作品等方式来评价学生的创新能力。

3. 社会责任感

培养学生的社会责任感是教育的重要目标之一。评价体系可以通过关注学生的社会参与、公益活动、团队协作等方面来反映学生的社会责任感。

4. 心理健康

学生的心理健康状况会影响其学业成就和全面发展。因此，评价体系可以引入心理测试、心理辅导等手段，全面了解学生的心理健康状态。

5. 团队协作精神

团队协作是当今社会中必不可少的能力，评价体系可以通过学生在小组项目、团队活动中的表现来评价其团队协作精神。

（三）实施方法

1. 多元化评价方式

评价体系的实施方法应当多元化，采用不同形式的评价方式，包括但不限于考试、作业、项目、口头表达、实践能力等，以确保评价的全面性和客观性。

2. 个性化评价方案

根据学生的个体差异，设计个性化的评价方案。可以采用个别化评价、学业规划等手段，根据学生的兴趣和发展方向，量身定制相应的评价指标。

3. 引入多方评价

除了教师的评价，还可以引入同学、家长、社会专业人士等多方面的评价意见，形成多方评价体系。这不仅可以提供更全面的信息，还有助于学生全面发展。

4. 建立评价档案

建立学生的综合素质评价档案，记录学生在不同领域的发展情况、成就和成长轨迹。评价档案可以作为学生发展的重要参考依据，也为学生提供个性化的发展建议。

学生综合素质评价体系的构建是一个系统性而复杂的过程，需要综合考虑学科知识、创新能力、社会责任感、心理健康等多个方面的因素。通过全面、个性化、渐进性、公正性的原则，以及多元化、个性化、多方评价的实施方法，可以更好地促使学生全面发展，培养具有创新能力和社会责任感的优秀人才。

二、强调学生个性发展与创新能力培养

学生个性发展和创新能力培养是现代教育的重要目标之一。传统教育强

调知识传授和应试能力的培养,然而,随着社会的发展和变革,培养学生的个性特质和创新能力成为塑造未来领袖和社会精英的关键要素。

(一)学生个性发展的重要性

1. 个性对职业发展的影响

每个学生都是独一无二的个体,拥有不同的兴趣、爱好、价值观等。通过关注和引导学生的个性发展,有助于他们更好地认识自己,明确职业方向,从而更有针对性地规划未来的发展道路。

2. 个性是创新的源泉

个性特质往往和创新潜力密切相关,具有独特个性的学生更容易在创新领域中脱颖而出。个性发展为创新提供了多样性的视角,促进了创新团队的协同效应。

3. 提升自信心和自我管理能力

通过个性的发展,学生能够更好地认识自己的优势和劣势,增强自信心。同时,培养个性化的学习方法和自我管理能力,有助于他们更有效地应对各种学习和生活的挑战。

(二)创新能力培养的重要性

1. 适应快速变化的社会需求

现代社会发展迅猛,科技、经济等领域的变化日新月异。应培养学生的创新能力使其能够更好地适应社会变革,成为未来社会的推动者和引领者。

2. 提升问题解决能力

创新不仅仅是新观念的提出,更是解决问题的能力。培养学生的创新能力有助于他们在面对复杂问题时更具洞察力和解决方案的创造性思维。

3. 培养团队协作和沟通能力

创新往往是团队协作的结果,培养创新能力也就是培养学生在团队中协调合作的能力。通过创新项目、团队研究等活动,学生能够提高团队协作能力和沟通技能。

(三)教育策略与方法

1. 个性发展的课程设计

引入个性发展相关的课程,帮助学生更全面地认识自己。这可以包括性格测评、兴趣培养、职业规划等方面的内容，让学生在学习中不仅仅获取知识，还能够培养自我认知和发展个性特质。

2. 引入项目式学习

项目式学习强调实际问题解决和团队合作，为学生提供了更贴近实际、更具挑战性的学习体验。通过参与项目，学生能够培养解决问题的能力，同时锻炼团队合作和沟通技能。

3. 创新教育的融入

在课堂教学中融入创新教育元素，采用启发式教学方法，鼓励学生提出问题、寻找解决方案，并通过实践来检验和完善。这样的教学方式有助于激发学生的创新潜力。

4. 跨学科综合教学

创新往往涉及多学科的知识和技能，跨学科综合教学可以打破学科之间的壁垒，为学生提供更广阔的知识视野。通过跨学科学习，学生能够更好地应对现实生活中的复杂问题。

（四）评价体系的建设

1. 多维度评价

传统的评价方法主要注重知识掌握和考试成绩，而综合素质评价则注重学生在个性发展和创新能力培养方面的表现。可以通过定期的个性发展报告、项目成果评价等方式，全面了解学生的综合素质。

2. 引入同行评价

除了教师的评价，引入同学之间的评价，让学生从同龄人的视角获取反馈。这有助于学生更全面地认识自己，也促进了同学之间的合作与共同成长。

3. 发展档案管理

建立学生个性发展和创新能力培养的评价档案，记录学生在不同阶段的发展情况、取得的成就和参与的项目。这个档案可以是数字化的，可以包括学生的自我评价和反思，为学生提供一个可视化的发展轨迹，帮助他们更清晰地认识自己的成长历程。

4. 创新项目评价

对学生参与的创新项目进行评价，关注项目的创新性、解决问题的能力、团队协作等方面。这样的评价可以更直观地反映学生在实际项目中的创新能力和综合素质。

5. 制订个性发展计划

在评价的基础上,制订个性发展计划,帮助学生在发展中找到自己的定位和方向。这个计划可以包括短期和长期的目标,有针对性地引导学生朝着个性发展和创新能力培养的目标努力。

学生个性发展与创新能力培养是教育工作中一项长期而重要的任务。教师需要不断探索符合现代社会发展需要的教育理念和方法,推动教育体制的改革,为学生提供更全面、个性化的发展路径。

第五节 高职旅游校企合作项目的效果评估

一、校企合作项目的设立与实施

随着社会的不断发展和经济的快速变革,校企合作成为院校培养人才、推动产业发展的重要手段之一。校企合作项目的设立与实施,既是院校深度融入产业的体现,也是为学生提供更丰富实践机会的途径。

(一)校企合作项目的定义

校企合作项目是指院校与企业之间建立的一种密切合作关系,通过共同策划、共同投入、共同管理的方式,为学生提供实际工作和实践机会,促使学生更好地适应职场需求,培养符合产业要求的专业人才。

(二)设立校企合作项目的原因

1. 实现产业与教育的深度融合

校企合作项目能够促使院校与企业之间实现深度融合,将产业需求与教育内容相结合,确保学生所学知识与实际职场需求相匹配,提高毕业生的就业竞争力。

2. 提升学生实践能力

通过参与校企合作项目,学生能够接触真实的职场环境,积累实际工作经验,提高解决实际问题的能力,增强团队协作和沟通能力,更好地适应未来的职业发展。

3. 促进科研成果转化

校企合作项目不仅有助于学生的实践能力提升，还能促进科研成果的转化。通过合作项目，院校的研究成果可以更直接地应用到实际生产中，实现科研成果的商业化和社会化。

4. 提高企业竞争力

企业通过参与校企合作项目，可以更好地获取院校的科技资源、人才支持，提高企业的研发创新能力，促进企业的可持续发展，提升企业在行业内的竞争力。

（三）校企合作项目的设立步骤

1. 建立合作框架

首先，院校与企业需要共同确定合作的框架，明确项目的目标、内容、双方的责任和权利，确保合作关系的透明和稳定。

2. 制订合作计划

在确定框架的基础上，制订详细的合作计划，包括项目的时间安排、预期成果、人员分工等，确保双方在合作过程中能够有明确的目标和计划。

3. 筹备项目团队

组建合适的项目团队，包括院校的教师和学生，以及企业的相关人员。确保团队中的成员具备相应的专业背景和技能，能够更好地推动项目的实施。

4. 资金与资源投入

根据项目的需求，确定资金和资源的投入计划。院校和企业可以共同投入经费、设备、人才等资源，确保项目能够得到充分的支持。

5. 设立监督与评价机制

建立合适的监督与评价机制，通过定期的会议、报告、评估等方式，及时了解项目的进展情况，发现问题并进行调整，确保项目能够按照计划有序进行。

（四）校企合作项目的实施经验

1. 强化实践导向

在项目的实施过程中，要强调实践导向，注重培养学生的实际操作能力。

通过实际项目的参与，学生能够更好地将理论知识应用到实际工作中。

2. 注重团队协作

校企合作项目通常涉及多方面的专业知识和技能，因此，团队协作是项目成功实施的关键。强调团队协作能促使项目成员更好地协同工作，充分发挥各自的优势。

3. 提供实时反馈

在项目进行中，及时提供反馈是非常重要的。通过实时的反馈机制，可以让项目成员了解项目进展情况，及时调整工作方向，确保项目按照计划推进。

4. 建立长期合作关系

校企合作项目不仅仅是一次性的合作，更应当是建立长期合作关系的契机。院校和企业可以逐步建立起深度的合作关系，实现互利共赢。

校企合作项目的设立与实施是院校与企业共同促进人才培养、推动产业发展的有效途径。在项目的设立过程中，明确合作框架、制订详细计划、建立项目团队等步骤至关重要。实施过程中，要注重实践导向、团队协作，建立有效的沟通机制，解决合作中的挑战。未来，校企合作项目将更加深化产教融合、推动人才培养模式创新，为社会培养更多优秀人才以及推动产业升级。

二、校企合作项目对学生职业素养的提升

校企合作项目作为一种重要的实践教育形式，对学生的职业素养提升起着至关重要的作用。通过实际的项目参与，学生不仅能够获得实际操作经验，还能培养团队协作、沟通能力等职业素养。

（一）项目设计对学生职业素养的影响

1. 设定明确的职业目标

在项目设计阶段，明确项目的职业目标对学生职业素养的提升至关重要。通过项目目标的设定，学生能够更清晰地了解项目的意义和期望达到的职业素养水平，有助于激发学生的学习动力。

2. 融入实际职场要求

在项目设计中，将实际职场的要求融入项目中，确保学生在项目中能接触到真实的职业环境和工作需求。这有助于培养学生解决实际问题的能力，提升其在职场中的适应能力。

3.强调团队协作与沟通

项目设计时应注重强调团队协作与沟通。在职场中，团队协作和沟通是至关重要的素养之一。通过团队合作的项目设计，学生能够培养协调、沟通和团队领导力等方面的职业素养。

（二）学生参与对职业素养的塑造

1.实践能力的提升

通过实际项目的参与，学生能够在真实的工作环境中应用所学的理论知识，提升实践能力，培养实际操作技能、解决问题的能力。

2.创新思维的培养

校企合作项目往往涉及解决实际问题，这需要学生具备创新思维。通过项目的参与，学生能够培养发现问题、提出创新解决方案的能力，从而提高创新思维水平。

3.职业道德与社会责任感

在项目中，学生将直接面对职业道德和社会责任感的考验。项目中的决策、合作、沟通等过程都需要考虑职业道德和社会责任。通过这些实践，学生的职业素养得以全面提升。

（三）评价方法与指标

1.综合评价

综合评价是评价学生职业素养的重要手段。可以通过考查学生在项目中的实际表现、解决问题的能力、团队协作与沟通等方面的情况，从多个角度全面评价学生的职业素养水平。

2.项目报告与展示

要求学生在项目结束后提交项目报告，并进行项目成果的展示。通过项目报告和展示，可以评价学生对项目的理解程度、解决问题的方法和效果，以及表达和沟通的能力。

3.自我评价与反思

鼓励学生进行自我评价与反思。通过学生对自身在项目中的表现进行客观的评价，帮助其认识到自己的优势和不足，促进个人职业素养的自我提升。

4. 职业素养档案

建立学生的职业素养档案，记录学生在不同项目中的表现、获得的经验和成果。这可以作为学生职业素养提升的有力证据，也为学生提供个性化的职业发展建议。

（四）评价结果的运用与改进

1. 提供个性化发展建议

通过评价结果，为学生提供个性化的职业发展建议。根据学生在项目中的表现，指导其在较弱的方面进行进一步加强，制订个性化的发展计划。

2. 改进项目设计与实施

评价结果也可用于改进校企合作项目的设计与实施。分析学生在项目中的表现，发现问题和不足，为后续的项目提供经验教训，不断优化项目设计和实施方案，以更好地促进学生职业素养的提升。

3. 调整教学方法与内容

根据评价结果，可以调整教学方法与内容，更好地满足学生的实际需求。如果发现学生在某一方面的职业素养较为薄弱，可以调整教学策略，强化相关教学内容，提升学生的综合素质。

4. 促进企业与院校的深度合作

通过对学生职业素养的评估，能够为企业提供反馈，促进企业与院校的深度合作。企业可以根据学生的表现更准确地了解到院校培养的学生的实际水平。

校企合作项目对学生职业素养的提升具有显著的影响，而通过科学合理的评价方法，可以更好地了解学生在项目中的表现，促使学生在实践中不断提升职业素养。

第七章　政策环境与高职旅游教育改革

第一节　国家政策与高职旅游教育的关系

一、国家对高职旅游教育的政策支持

（一）概述

随着旅游业的迅速发展和社会对高素质旅游专业人才的需求不断增加，高职旅游教育逐渐成为教育体系中备受关注的领域。为了推动高职旅游教育的发展，国家出台了一系列政策。

（二）政策背景

1. 旅游业的快速发展

近年来，我国旅游业取得了长足的发展，成为国民经济的支柱产业之一。旅游业的发展带动了相关服务业的兴起，对人才的需求不断增加。高职旅游教育成为培养适应行业需求的实用型人才的重要途径。

2. 人才短缺与结构性失业问题

随着旅游业的蓬勃发展，对高素质、实践能力强的专业人才需求不断攀升。然而，由于旅游行业的特殊性，传统教育模式无法满足行业发展对人才的多层次需求，导致了结构性失业问题。

（三）主要政策内容

1. 行业与教育深度融合政策

国家出台了一系列政策推动旅游行业与教育的深度融合，以实现旅游从业人员培训的精准化和个性化。国家政策鼓励高职院校与旅游企业建立紧密

的合作关系，通过实地实习、实训基地等形式，提高学生在实际工作中的适应能力。

2. 课程体系创新政策

为更好地满足旅游行业对人才的需求，国家支持高职院校进行课程体系的创新。国家政策鼓励引入实用性强、前沿性强的课程，紧密结合旅游业的新趋势、新技术，培养学生具备创新精神和实际操作能力。

3. 教育资源的优化配置政策

为了提高高职旅游教育的质量，国家支持加大对教育资源的优化配置。国家政策鼓励加强高职旅游教育师资队伍建设，引进业界专业人才参与教学，提高院校的实践教学水平。同时，支持院校更新教学设施，提供更先进的实训条件。

4. 财政和资金扶持政策

为鼓励高职旅游教育的发展，国家发布了一系列的财政和资金扶持政策。政府将增加对高职旅游教育的投入，用于人才培养基地建设、师资培训、实践基地建设等方面，以提高高职旅游教育的整体水平。

5. 职业资格认证政策

为更好地保障高职旅游教育的实用性，国家推出了职业资格认证政策。国家政策鼓励高职院校与行业协会合作，设立相关职业资格认证项目，使学生在毕业后能够更好地适应市场需求。

（四）对高职旅游教育的影响

1. 促进教育质量提升

国家政策的支持使高职旅游教育能更加注重教学质量的提升。通过引进新的教育理念、创新课程体系、提高师资水平，高职旅游教育的整体质量得以提升。

2. 增加就业竞争力

国家政策的支持使高职旅游教育更加贴近实际需求，培养出更适应市场的人才。学生在实际项目中的实践经验和职业资格认证，为他们进入职场提供了更多的优势，增加了就业竞争力。

3. 加强与行业的合作

国家政策的鼓励使高职旅游教育更愿意与旅游行业建立紧密的合作关

系。通过深入的产学合作，学生能更好地融入行业，了解实际运作情况，为未来职业发展奠定坚实基础。同时，与行业的合作还促使高职旅游教育更加贴近实际需求，更好地满足市场的人才需求。

4. 推动创新与发展

国家政策的支持促使高职旅游教育更加注重创新。在课程设置、实践环节和师资队伍建设等方面，院校将更加注重引入最新的行业知识和前沿技术，培养学生的创新意识，使其具备更好的适应力和竞争力。

5. 构建完善的人才培养体系

国家政策的推动促使高职旅游教育逐渐建立起完善的人才培养体系。通过优化课程设置、完善实践环节、建立行业导向的实习基地等措施，院校能够更好地培养学生的综合素质，使其更好地适应职业发展的需要。

国家对高职旅游教育的政策支持是促进旅游人才培养、推动行业发展的关键因素之一。通过政策引导，高职旅游教育得以更好地适应市场需求，培养更加符合实际工作要求的专业人才。未来，高职旅游教育应进一步强化与行业的深度合作，促进教育模式创新，解决资源不均衡问题，以推动自身的可持续发展。

二、国家政策与高职旅游教育改革的协同机制

（一）概述

高职旅游教育在国家教育体系中扮演着培养实用型专业人才的重要角色，适应旅游业迅速发展的需求。为了更好地推动高职旅游教育的改革与发展，国家政策与协同机制发挥着至关重要的作用。

（二）国家政策对高职旅游教育的引导作用

1. 行业需求导向

国家政策明确了对高职旅游教育的发展方向，将教育培养目标与旅游产业需求相紧密结合。国家政策引导高职院校深度了解行业发展趋势，通过调整课程设置、更新教材，更好地适应旅游业不断变化的需求。

2. 人才培养模式创新

为推动高职旅游教育的创新，国家政策支持高职院校探索新的人才培养

模式。国家政策鼓励学校与旅游企业、行业协会等建立更紧密的合作关系，通过实践项目、实习实训等方式，使学生在实际操作中更好地获得经验。

3. 资金扶持政策

为解决高职旅游教育中的资金短缺问题，国家政策出台了一系列资金扶持政策。这些政策包括对高职院校的项目资助、人才培养基地的建设、师资队伍的培训等方面的支持，以确保高职旅游教育改革有足够的财政支持。

4. 职业资格认证体系

国家政策推动建立高职旅游教育的职业资格认证体系，以保障学生毕业后具备实际操作能力和行业认可的职业水平。国家政策要求院校与行业协会合作，设立相关职业资格认证项目，提高学生就业竞争力。

（三）协同机制在高职旅游教育改革中的作用

1. 产学研协同机制

在高职旅游教育改革中，产学研协同机制发挥着重要的作用。通过建立行业合作与人才培养的长效机制，高职院校与旅游企业、研究机构形成紧密联系，实现教学、科研与实践的无缝衔接，促进高职旅游教育与实际产业需求更好地对接。

2. 政府与院校协同机制

政府与高职院校的协同机制对改革的顺利推进起着关键作用。政府负责政策的制订和落实，提供政策支持和资源保障，同时鼓励高职院校主动响应政策，积极参与改革实践，确保教育改革能够顺利实施。

3. 行业协会与院校协同机制

行业协会与院校协同机制是高职旅游教育改革的重要组成部分。通过与行业协会建立紧密的联系，高职院校能够更好地了解行业动态、培养适应行业需求的人才。行业协会也可以通过与高职院校合作，推动行业标准的制订、职业资格认证体系的建立。

4. 教育资源共享机制

为了解决高职旅游教育中资源不均衡的问题，建立教育资源共享机制至关重要。政府、企业和高职院校可以通过共享实践基地、课程资源、优秀师资等方式，实现资源的互补与共赢，提高高职旅游教育的整体水平。

国家政策与协同机制在推动高职旅游教育改革中发挥着不可替代的作

用。通过政策引导，高职院校在产业协同、资源共享等方面取得积极成果。未来，各方需要继续加强合作，解决改革过程中的挑战，促进高职旅游教育更好地服务社会需求，培养更多符合行业要求的专业人才。

第二节　高职旅游师德师风建设与教学质量提升

一、强调高职旅游师德师风建设的重要性

（一）概述

高职旅游教育作为培养旅游从业人才的重要平台，其发展不仅仅依赖于先进的课程设置和实践教学手段，更需要优秀的教育师资。而教育师资的素质，不仅表现在专业知识的传授和实践技能的培养上，还体现在师德师风的建设中。

（二）高职旅游师德师风的内涵

1. 师德的概念

师德是指教师在教育过程中应该遵循的职业道德规范，包括对学生的关爱、尊重、耐心，对教育事业的热爱和责任心等。高职旅游教育中，师德的体现不仅是道德规范，还是对旅游业的理解、对学生未来职业发展的引导。

2. 师风的特点

师风是指教师在教育实践中形成的风格和特点，包括言传身教、严谨治学、亲和平易等。在高职旅游教育中，良好的师风可以为学生树立榜样，激励学生更加努力地投入到学习和实践中。

（三）高职旅游师德师风建设的重要性

1. 为学生树立榜样

高职旅游师德师风的良好建设，可以为学生树立崇高的榜样。教师是学生成长过程中的引路人，他们的言行举止、职业操守直接影响学生的价值观和人生观。良好的师德师风可以在潜移默化中对学生进行道德熏陶，引导他们走向积极向上的人生道路。

2. 增强学科吸引力

高职旅游教育的学科吸引力不仅仅取决于专业课程的设置,还需要通过教师身上所体现的师德师风来激发学生的学科热情。教师的热爱和专业精神能够直接传递给学生,让他们更有信心和动力投入到学科学习中。

3. 促进教育质量提升

师德师风建设是教育质量提升的关键环节。一位具备良好师德的教师,不仅关心学生的学业发展,还注重对学生的全面培养。通过言传身教,激发学生的学习兴趣,提高教育质量,真正成为学生成长的引导者。

4. 构建和谐教育环境

高职旅游师德师风建设是构建和谐教育环境的关键一环。师德师风的良好建设可以在高职院校中形成和谐的师生关系,增强师生的凝聚力和向心力。在和谐的教育环境中,学生更愿意参与到教育活动中。

高职旅游师德师风建设是促进教育事业健康发展的必然要求。通过深刻认识师德师风对学生成长的积极影响,加强师德师风建设的理论与实践研究,不断探索有效的建设途径,将有助于高职旅游教育事业的可持续发展,为培养更多优秀的旅游从业人才奠定坚实基础。在未来的发展中,高职旅游教育需要紧密结合社会需求和行业特点,持续推动师德师风建设,促进教育事业与行业发展的良性互动。

二、设立师德评价与奖惩机制

高职旅游教育的发展不仅依赖于完善的课程设置和实践教学手段,还需要优秀的教育师资。而教育师资的素质,不仅表现在专业知识的传授和实践技能的培养上,还体现在师德师风的建设。为了推动高职旅游教育师德师风建设的深入发展,设立科学合理的师德评价与奖惩机制显得尤为重要。

(一)师德评价的必要性

1. 优化教育质量

师德评价是评估教师在职业生涯中是否遵循职业道德规范、是否履行职业责任的重要手段。通过师德评价,可以及时发现和纠正教师的不当行为,进一步提升教育质量,保障学生的健康成长。

2. 激励教师积极性

设立师德评价与奖惩机制可以激励教师积极参与教育改革，提高工作热情。通过明确评价标准，教师能够更清晰地了解自己的优势和不足，从而更有针对性地改进自己的教育方法和师德修养，促进个体和整体的进步。

3. 塑造良好的教育氛围

师德评价与奖惩机制有助于塑造积极向上的教育氛围。通过对优秀教师的肯定和奖励，可以树立榜样，激发更多教师的责任心和敬业精神。

（二）构建师德评价与奖惩机制的原则

1. 公正公平原则

师德评价与奖惩机制应当建立在公正公平的基础上。评价标准要明确、公开、公正，确保每一位教师都能够在公平的环境中接受评价。奖惩决策要有充分的依据，杜绝主观臆断和随意性。

2. 综合评价原则

师德评价应当采用综合的评价方式，包括学生评价、同行评价、教学成果评价等多方面的指标。综合评价有助于全面了解教师的工作表现，避免片面性评价。评价结果应该是全面、客观、真实地反映教师综合素质的综合分析。

3. 适度弹性原则

师德评价与奖惩机制需要具备一定的适度弹性，以适应不同教育阶段、学科特点和个体差异。不同学科、不同阶段的教师所面临的工作压力和需求各异，评价机制应该具备一定的灵活性，使其更好地服务于教师的成长。

4. 激励导向原则

奖惩机制要以激励为导向，更多地关注正向激励。通过对优秀教师的奖励，激发其更高水平的工作热情和创造力。激励导向有助于形成正向循环，推动教师共同进步。

（三）师德评价与奖惩机制的建设与实施

1. 设定明确的评价指标

设定明确的评价指标是师德评价与奖惩机制的基础。评价指标应包括教育教学能力、学科知识水平、师德修养、团队协作能力等多个方面，通过具体、量化的指标来全面评估教师的综合素质。

2. 构建评价团队

构建专业、公正的评价团队是师德评价与奖惩机制建设的关键环节。评价团队应该由具有丰富教育经验和专业背景的专家组成，确保评价的客观性和专业性。同时，要定期培训评价团队成员，保持其专业水平。

3. 公开透明的评价流程

师德评价的流程应当公开透明，使教师能了解评价的具体过程。这有助于建立信任，提高评价的公正性。公开透明的评价流程还可以促使教师更加积极地参与师德师风建设，因为他们知道自己的努力和奉献会得到公正的回应。

4. 建立奖惩机制

奖惩机制的建立需要具体的操作规程。对于表现突出的教师，可以给予荣誉称号、奖金、晋升机会等正向激励措施。而对于存在师德问题的教师，应设立相应的惩戒措施，包括警告、停职、降职等，以确保教师遵守职业道德规范。

5. 定期评估与改进

师德评价与奖惩机制是一个不断优化的过程，需要定期进行评估与改进。高职院校可以通过收集教师和学生的反馈意见，对评价指标和流程进行调整，确保机制的科学性和实效性。同时，定期评估也有助于发现和纠正评价体系中的不足之处。

师德评价与奖惩机制是推动高职旅游师德师风建设的关键环节。通过科学、公正、激励导向的评价与奖惩，可以更好地引导教师履行职业责任，提高教育质量，培养更为优秀的专业人才。

在未来的发展中，高职院校需要不断完善师德评价与奖惩机制，适应社会发展的变化和高职旅游教育的特点。同时，注重法制化建设、利用先进技术手段、强化师德培训等方面的措施，推动机制的不断创新和提升。通过全社会的共同努力，建立健全师德评价与奖惩机制，将有助于高职旅游教育事业的可持续、健康发展，为培养更多优秀的旅游从业人才提供坚实保障。

第三节　高职旅游教育师资队伍的激励机制

一、设计激励措施与机制

在高职旅游教育领域，激励措施与机制的设计对于提高教师的积极性、促进教育质量的提升以及推动整个教育体系的健康发展具有重要意义。激励机制不仅可以为教师提供良好的工作环境和发展空间，同时也是构建良好师德师风的有效手段。

（一）激励措施的设计原则

1. 公正公平原则

设计激励措施时应坚持公正公平原则，确保每一位教师都有平等的机会获得激励。避免过于主观的评价和任意的分配，确保激励机制的公正公平性。

2. 综合激励原则

激励不应仅限于物质奖励，还应包括精神、职业发展等多方面的激励。通过多元化的激励方式，满足不同教师的需求，更好地调动其积极性。

3. 长期激励原则

激励机制不应只关注眼前的短期目标，更应考虑教师的长期发展。长期激励原则意味着建立持续的激励机制，鼓励教师在职业生涯中不断进取、提升自我。

（二）激励措施的具体设计

1. 物质激励

（1）薪酬激励

根据教师的工作表现和职业发展，设立差异化的薪酬体系。可以采用绩效工资、岗位津贴等形式，根据教师的教学效果、科研水平、学科建设等方面的表现进行奖励。

（2）奖金制度

设立奖金制度，对在教学、科研、社会服务等方面取得显著成绩的教师给予额外奖金。奖金可以作为一种直接的物质激励，激发教师的工作热情。

2. 精神激励

（1）荣誉奖励

设立荣誉奖励，如"优秀教师""教育先锋"等荣誉称号，通过颁发证书、举办颁奖典礼等方式，给予教师应有的社会认可和尊重。

（2）学术交流机会

为教师提供学术交流的机会，资助其参加国际学术会议、访问学者计划等，拓宽视野，促进学科建设。这既是一种精神激励，也有助于提升教师的学术水平。

3. 职业发展激励

（1）晋升机制

建立明确的晋升机制，鼓励教师通过不断学习和提升自身综合素质，获得更高职称和更广阔的事业发展空间。

（2）岗位设置

通过设置专业技术岗位、学科带头人岗位等，为有突出贡献的教师提供更广阔的职业发展平台，激发其事业追求和创新动力。

4. 学科建设激励

（1）科研项目支持

为教师提供科研项目的支持，包括科研启动经费、实验室设备支持等，鼓励其积极参与学科建设和科研活动。

（2）学科团队建设

设立学科团队奖励，对在学科建设、团队协作等方面表现优异的团队进行奖励，促进学科建设的全面发展。

在未来的发展中，应当注重不断创新激励机制，结合高职旅游教育的实际情况，引入先进的科技手段，建立更加公正、透明、灵活的激励体系。同时，强调师德师风建设，使激励机制与教育的根本任务相一致，共同推动高职旅游教育的繁荣发展。通过多方面的努力，高职旅游教育的激励机制将更好地服务于教师的成长和学生的发展，为行业注入更多活力和创新力。

二、激励对师资队伍的激情与效果影响

激励在教育领域中扮演着至关重要的角色，特别是对于高职旅游教育师资队伍而言。师资队伍的激情和效果直接关系到教育教学质量的提升以及培养出更具竞争力的学生。

（一）激励对师资队伍的激情影响

1. 激发教师的工作热情

激励措施能够有效地激发教师的工作热情。物质激励，如薪酬和奖金，直接关系到教师的物质生活水平，能在一定程度上提高其对工作的积极性。而精神激励，如荣誉奖励和学术交流机会，可以满足教师对事业发展和自我实现的追求，激发其对教育事业的热爱。

2. 培养团队协作的积极性

激励机制有助于培养师资队伍的团队协作精神。通过设立团队奖励和共享激励机制，鼓励教师共同合作，共享成果。这不仅有助于提高教学团队的凝聚力，还能促进经验和资源的共享，提高整体教育水平。

3. 增强对职业发展的期待

良好的激励机制可以增强教师对职业发展的期待。晋升机制、岗位设置等激励措施，为教师提供了更广阔的事业发展空间，激发了他们对未来职业道路的积极期待，从而提高其对工作的投入和贡献。

（二）激励对师资队伍的效果分析

1. 提高教学质量

激励机制直接关系到教师的工作积极性和敬业程度，进而影响到教学质量的提升。通过物质激励，教师更有动力投入到教学中，提高教学效果；而通过精神激励，能够激发教师对教育事业的热情，提高其教学的创新性。

2. 促进科研成果的产出

激励机制对于科研工作的促进效果显著。通过奖励科研成果，提供科研项目支持，能够鼓励教师积极投入科研活动，提高科研产出。这对于高职旅游教育来说，有助于学科的建设与发展，提高院校在相关领域的学科竞争力。

3. 增加学科竞争力

激励机制有助于吸引高水平的教师加入，提升学科队伍的整体水平。通过提供具有吸引力的薪酬、福利和职业发展机会，院校能够更容易地吸引到有经验、有实力的教师，从而提高学科的竞争力。

4. 提高学校的声誉

一个良好的激励机制不仅能够提高师资队伍的工作积极性，也能够提升院校的整体声誉。教师通过在学术、科研、教学等方面取得显著成绩，既为院校带来荣誉，也为吸引更多学生和行业资源提供了有力支持，进一步推动院校的发展。

（三）构建有效的激励机制

1. 制订科学合理的评价体系

制订科学合理的评价体系是设计激励机制的前提。评价体系应包括学生评价、同行评价、教学效果评价等多方位指标，确保评价的全面性和客观性。

2. 确保激励机制的公正性

激励机制应当保持公正、公平。建立独立的激励评审委员会，负责激励评定，确保评定过程的公正性和透明度。

3. 灵活多样的激励手段

激励手段应当灵活多样，以满足不同教师的需求。除了传统的薪酬和奖金激励，还可以通过提供职业发展机会、学术交流机会、团队合作激励等方式，为教师提供全方位的激励。

4. 长期稳定的激励机制

建立长期稳定的激励机制，使教师在职业生涯中能够持续受到激励。长期激励机制不仅包括晋升机制、学科带头人岗位设置等，还需要关注教师的职业生涯规划，提供持续性的发展机会。

5. 强化激励与绩效的关联

将激励与绩效紧密关联，确保激励是基于实际工作表现的。通过建立明确的绩效评估体系，将教师的工作贡献与获得的激励相挂钩，既激励了积极表现的教师，也提高了整体师资队伍的素质。

6. 激励机制的动态调整

激励机制应当具有动态调整的灵活性，能够随着教育体系的发展和教师个体的成长不断进行优化。定期对激励机制进行评估，根据实际情况进行调整，以适应变化的教育环境和师资队伍的需求。

激励机制是高职旅游教育师资队伍发展的关键因素，直接关系到教学质量的提升和学校整体竞争力的增强。通过科学合理、灵活多样的激励措施，能够有效激发教师的激情，提高其工作效率和创造力。在未来的发展中，需要更加注重个体差异，简化激励机制，提高公正性和透明度。通过解决激励机制中可能存在的挑战，如个体差异、资金支持不足等问题，进一步完善激励体系，推动高职旅游教育师资队伍的整体素质提升。

参考文献

[1]保继刚. 中国旅游教育：发展、问题与挑战[M]. 北京：中国旅游出版社, 2018.

[2]黄安民. 旅游目的地管理[M]. 武汉：华中科技大学出版社, 2016.

[3]谢春山. 旅游理论的多维研究[M]. 北京：中国旅游出版社, 2018.

[4]姚志存. 高职教育绩效社会评价研究：以旅游管理专业为例[M]. 合肥：中国科学技术大学出版社, 2012.

[5]李志飞. 旅游消费者行为[M]. 武汉：华中科技大学出版社, 2017.

[6]童加斌. 高职教学改革：探索与实践[M]. 南京：东南大学出版社, 2010.

[7]梅振华. 中国旅游与高等职业教育研究：理论、方法与案例[M]. 北京：九州出版社, 2018.

[8]李全文. 高职教育热点问题探讨[M]. 成都：电子科技大学出版社, 2015.

[9]薛秀芬. 旅游教育学[M]. 北京：旅游教育出版社, 2008.

[10]刘静佳, 郭定祥. 高职院校教育教学研究：2018[M]. 昆明：云南大学出版社, 2018.

[11]郭伟. 旅游开发原理与实务[M]. 青岛：中国海洋大学出版社, 2011.

[12]梅继开. 高职院校高质量发展模式与路径探究：以三峡旅游职业技术学院"十三五"发展为例[M]. 武汉：华中科技大学出版社, 2022.

[13]杨卫武, 郝影利. 现代旅游职业教育体系研究[M]. 天津：南开大学出版社, 2015.

[14]符继红. 新时代旅游职业教育发展研究[M]. 昆明：云南大学出版社, 2018.

[15]张小军. 高职院校财务管理的理论与实践[M]. 昆明：云南大学出版社, 2017.

[16]季舒鸿, 王正华. 高职英语教育理论研究与实践探索[M]. 合肥：安徽大学出版社, 2012.